Werner Leuschner

# Helle Nächte, dunkle Tage

Stefan Heikens

Erstausgabe, alle Rechte vorbehalten!
Texte, Fotos und Zeichnungen: Werner Leuschner
Texte, Cover und Recherche: Stefan Heikens
Herstellung und Verlag: BoD - Books on Demand, Norderstedt
© 2017
ISBN: 9783744821179

# Inhaltsangabe:

# **Prolog**

Es ist Sonntag, der 21. Januar 1945, als der kleine Junge auf dem Dorfplatz steht und sich mit großen Augen umsieht. Er lebt erst seit ein paar Monaten in diesem Dorf, doch so ein Treiben wie jetzt hat er in dem kleinen Ort noch nie zuvor erlebt. Wirklich alle scheinen auf den Beinen zu sein und hektisch werden Taschen und Koffer auf Pferde- und Handwagen verladen. Rufe gellen durch die ansonsten gespenstische Stille, letzte Verabredungen werden getroffen. Man schließt zum letzten Mal seine Haustür ab, lässt das Vieh aus den Ställen und füllt sich die Taschen mit Kleinkram, den man später hoffentlich zu Geld machen kann.

Niemand achtet auf den kleinen Jungen, der vollkommen verlassen inmitten all der Menschen steht. Er ist erst acht Jahre alt, blond und blauäugig. Eigentlich ein guter deutscher Junge, wenn da nicht die auffallend kleine Statur wäre. Wernerle, wie er von allen liebevoll genannt wird, sieht dem Treiben um sich herum regungslos zu, denn für ihn gibt es nichts mehr zu tun.

Das Haus, in dem er die letzten Monate verbracht hat, ist bereits abgeschlossen, die Besitzer sind am Vortag spurlos verschwunden und der Zug in Richtung Heimat, den er eigentlich hätte nehmen sollen, ist ohne ihn abgefahren. Seine Mutter wird zu Hause vergeblich auf ihn warten, das weiß er. Sie hatte ihn nur sehr widerwillig, aber auf unmissverständlichen Befehl von Gauleiter Hanke hin, mit der Kinderlandverschickung in die Fremde fahren lassen. Jetzt scheint es auf einmal so, als würde er aus dieser Fremde nie wieder heimkehren.

Denn das abgelegene Dorf, das ihm eigentlich Schutz vor den Bombenangriffen in seiner Heimatstadt Breslau geben sollte, scheint nun sein Verderben zu werden. Niemand hier will ihn noch haben, was bleibt ihm also anderes übrig, als allein zurückzubleiben und das Beste zu hoffen? Immer mehr Wagen versammeln sich auf der Straße und der Flüchtlingstreck nimmt langsam Form an. Niemand weiß so recht, wo es hingehen soll, das Einzige, was zählt, ist, dass es in Richtung Westen, weg von den Russen, geht.

Die Front im Osten rückt immer näher und in den letzten Tagen sind schon viele Flüchtlinge durch das Dorf marschiert, die von den Gräueltaten der anrückenden Soldaten berichtet haben. Wer mobil ist, bereitet sich auf die Flucht vor, wer es nicht ist, bleibt sich selbst überlassen. Am Abend zuvor hatte Werner noch mit einer Familie zu Abend gegessen, die es jetzt nicht mehr gibt, denn Vater, Mutter, und drei Kinder, hatten sich in der Nacht allesamt das Leben genommen. Wie genau wird Werner niemals erfahren, er weiß nur, dass man ihre Leichen zum örtlichen Friedhof gebracht hat, mit der Anweisung, sie dort zu beerdigen, sobald der Boden ausreichend aufgetaut ist. Aber ob es diese Beerdigung wirklich geben wird, weiß niemand, denn außer einigen zurückgelassenen Kriegsgefangenen wird am Abend wohl fast niemand mehr im Dorf sein.

Als sich die ersten Wagen in Bewegung setzen, macht sich unsägliche Angst in Wernerle breit. Da er eigentlich gar nicht mehr hier sein sollte, beachtet ihn auch niemand mehr und die vorbeiziehenden Wagen sind so voll wie nur irgend möglich gepackt, sodass nichts mehr darauf passt … auch er nicht.

Plötzlich ergreift ihn doch noch jemand von hinten und wirft ihn wahllos auf ein vorbeifahrendes Fahrzeug. Werner landet unsanft auf den Kisten, die darauf gestapelt sind. Er dreht sich um und erkennt den Tischler des Dorfes.

Der alte Tischler Wiersna ist der Bruder des Schmieds, und ebendieser Schmied hatte Werner in den letzten Monaten aufnehmen müssen. Doch noch bevor Werner irgendetwas zu ihm sagen kann, befiehlt ihm der Tischler, auf keinen Fall vom Wagen zu klettern. Er selbst werde später wiederkommen und sich um Werner kümmern. Jetzt müssten sie aber erst mal weg. Werner verstummt und lässt sich gehorsam zurücksinken. Der polnische Kriegsgefangene, der den Wagen lenkt, beachtet Werner kaum. Ihm ist es egal, welche Fracht er befördert. Werner sinkt dankbar und ängstlich zugleich zwischen die Koffer und Kisten, die ihn schon bald überragen und einklemmen werden. Und so begibt er sich in letzter Sekunde doch noch auf die Flucht. Eine Flucht, die niemals ganz enden wird.

## **Breslau**

Geboren wurde Werner Robert Leuschner, so sein vollständiger Name, am 22.7.1936 in Breslau, im vierten Stock eines unauffälligen Mehrfamilienhauses in der Grünberger Straße als zweites Kind von Willi und Margarete Leuschner.

Werners Vater Willi arbeitete als Installateur, ein Beruf, den er dem Wunsch seines eigenen Vaters folgend erlernt hatte, den er aber nie besonders gemocht hatte. Es war für Willi nur eine Tätigkeit, um Geld zu verdienen, ein solides Handwerk, mit dem man eine junge Familie ernähren konnte.

Doch viel lieber beschäftigte er sich mit seinem liebsten Zeitvertreib, dem Klavierspielen. Die Familie Leuschner war schon immer sehr musikalisch gewesen und so hatte auch Willi schon früh das Musizieren erlernt. Bereits im Jahre 1926, als Willi dreizehn Jahre alt war, hatte man ein gebrauchtes Klavier angeschafft und Willi war ein wirklich gelehrsamer Schüler gewesen.

Er liebte es, ins Theater zu gehen und danach die gerade eben gehörten Melodien frei aus dem Gedächtnis heraus nachzuspielen. Dieses Talent war es auch, das ihn später dazu befähigen sollte, in den verschiedenen Cafés, Theatern und Kinos der Stadt zu musizieren und so sein Gehalt aufzubessern. Während die Zuschauer dabei wie gebannt im Dunkeln auf die Leinwand blickten oder sich draußen bei strahlendem Sonnenschein eine Tasse Kaffee schmecken ließen, war es Willi Leuschner, der im Hintergrund am Klavier saß und alles musikalisch untermalte.

Engagements dieser Art gab es genug für Willi, denn Breslau war eine äußerst intellektuelle Stadt, voll von Universitäten, Museen und weitläufigen Parkanlagen. Freiherr Manfred von Richthofen, genannt der rote Baron, war hier geboren worden, ebenso wie Ignatz Bubis, der später den Zentralrat der Juden leiten sollte. Studenten, Künstler und junge Familien bestimmten das Stadtbild und abends traf man sich in Lokalen und Cafés wie dem „Schweidnitzer Keller" direkt unter dem Rathaus. Es wurde gemeinsam musiziert, gelacht und gefeiert und niemand verschwendete viele Gedanken an den Krieg, der unaufhaltsam nahte.

Willi war ein unpolitischer Mensch und daher machte sich auch niemand große Sorgen, als er zwei Monate vor Werners Geburt gemustert wurde. Die Musterung war eben Pflicht und Hitler hatte ja immer wieder betont, dass er Frieden wünschte. Es würde schon alles gut gehen.

*Wieso er (Willi) dann doch in den Krieg musste? Da weiß ich etwas anderes, das weiß ich aber nur von der Mama, dass er ja schon Mitte der 30er Jahre zur Ausbildung in einer bestimmten Stadt in Deutschland war, und da haben sie dann einen Funker aus ihm gemacht.*

*Das war aber keine Ausbildung für eine kurze Zeit bei der Wehrmacht, sondern eine richtige komplette Ausbildung, die ein ganzes Jahr dauerte, oder noch länger, ich weiß nicht wie lange. Jedenfalls hat er viel, viel mitgemacht, bevor er Soldat wurde. Dass er als Zivilist eingezogen worden ist, und man ihn dann zum Funker gemacht hat. Als Klavierspieler hast du nun mal geschickte Hände, und intelligent war er ja auch, und da muss das dann eng geworden sein, 1939. Ich glaube, der hat sich gemeldet ... Ich glaube, dass ich sowas nie richtig ausgesprochen gehört habe, aber ich hab das Gefühl, dass er sich gemeldet hat. Das hört sich blöde an, jetzt müsste ich normalerweise sagen ‚freiwillig‘, aber das mag ich gar nicht aussprechen, sondern nur „Da gehör‘ ich ja jetzt eigentlich hin als Funker!"*

*- Werner Leuschner*

Willi war ein distanzierter, ernster und sehr ruhiger Mensch mit einem feinsinnigen Humor, doch leider würde Werner niemals die Gelegenheit bekommen, seinen Vater wirklich kennenzulernen.

1934 heirateten Willi und Margarete und ein Jahr später kam dann auch schon der erste Sohn Kurt zur Welt. Willi war mittlerweile vom Installationsbetrieb, vor dem er und seine Frau sich kennengelernt hatten, zur *FaMo* gewechselt, den Fahrzeug- und Motorenwerken, wo zu dieser Zeit fast ausschließlich Traktoren und Raupenschlepper produziert wurden. Erst später würden dort auch LKW und Schlepper für die Wehrmacht hergestellt werden.

Einmal wöchentlich nahm Werners Mutter ihren Sohn an die Hand und dann spazierten die beiden zum Werkstor, wo sie geduldig auf den Vater warteten, der seinen Lohnscheck herausbrachte, damit seine Frau ihn einlösen und einkaufen gehen konnte. Sie unterhielten sich kurz am Werkstor, dann ging der Vater wieder an die Arbeit und die Mutter lief mit ihrem Sohn zurück zur Wohnung, vollbepackt mit Lebensmitteln. Werner half die Einkäufe hinaufzutragen und hielt sich dabei wie selbstverständlich an die einzige Regel im Hausflur, die lautete: „Im ersten Stock wird nicht gesprochen." Er war noch zu klein, um zu begreifen, wieso er ausgerechnet dort nicht sprechen durfte, denn die Juden, die dort wohnten, schienen doch recht nette Menschen zu sein, und zu jedem anderen im Haus hatte er doch auch ein gutes Verhältnis.

*Zu der Frau Kargel musste ich immer gehen, weil ich bei ihr am Frisiertisch sitzen durfte, und dann wurdest du gekämmt, kriegtest Haarwasser rein, dass alles richtig schön aussieht, dann kriegtest du die Salbe fürs Gesicht, und alles. Die musste mir das ganze komplette Programm machen. Mit Fingernägeln und allem. Das war die eine. Die andere, da musste ich immer eine Etage tiefer gehen, und dann links in die Wohnung rein, da wohnte eine alte Dame, und die hatte vom Wohnzimmer zum Schlafzimmer hin Schaukelhaken an der Decke, wo man eine Schaukel reingehangen hat, und da gab's dann den Sitz, und wenn ich kam, musste die Schaukel wieder hinkommen. Stundenlang durfte ich bei der drinnen sitzen, und es quietschte immer laut. War ja klar, kommt ja kein Öl oben an die Metallhaken, da habe ich stundenlang geschaukelt. Um sechs Uhr hieß es dann immer: „Ich muss in die Kirche", na ja und dann ging ich mit, sie ist ja katholisch. Da bin ich eben mit ihr durch die Stadt geschlendert zur Kirche hin und hab den Gottesdienst mit ihr besucht.*

*- Werner Leuschner*

In seiner wenigen Freizeit spielte Werners Vater weiterhin Klavier und unternahm Fahrradtouren durch die Stadt oder an die Oder mit seinem Sohn, wobei der Vater kräftig strampeln musste, während der Junge vorn in einem Körbchen saß und zu ihm hinaufschaute. Der größere Bruder Kurt passte leider nicht mehr in den Kindersitz, und die kleine Schwester Irmgard rutschte immer unten durch. So kam es, dass nur Werner diese Fahrradtouren mit seinem Vater unternehmen durfte. Doch abgesehen davon, gab es nicht besonders viele gemeinsame Unternehmungen, denn die freie Zeit war knapp und Werner war ja nicht das einzige Kind.

Es gibt deshalb nur noch wenige Erinnerungen an Willi Leuschner, und die meisten Informationen über ihn kann man lediglich seinem Wehrpass entnehmen. Ausgestellt am 13. Mai 1936 in Breslau, zeigt die erste Seite einen ernst dreinblickenden jungen Mann mit schmalem Gesicht, der am 4. Januar 1913 geboren wurde, evangelisch und verheiratet war. Er war voll tauglich und wurde am 3. April 1937 auf den Führer vereidigt. In Dienst gestellt wurde er schließlich am 26.8.1939, nur siebenunddreißig Monate, nachdem sein Sohn Werner auf die Welt gekommen ist. So war es wohl auch nicht verwunderlich, dass Werners Erinnerungen fast ausschließlich auf die Militärzeit seines Vaters und den Krieg im Allgemeinen beruhen. Denn auch wenn er noch klein ist, so ziehen sich der Antisemitismus und die Kriegstreiberei von Adolf Hitler später doch wie ein roter Faden durch seine Erinnerungen.

*Und dann kamen andere Zeiten, jetzt haben wir plötzlich Gefangene. Russen, Franzosen, Polen, und die müssen ins Lager. Jetzt müssen die durch Breslau durch, am Striegauer Platz vorbei, und wer stand da? Ich! Jeden angucken, an die Bordsteinkante gehen, für keinen was haben, und die gingen in die Gefangenschaft oder den Tod! Und das jeden Tag. Dann ist irgendwann zwölf Uhr, da gab es Litfaßsäulen, da waren Sender einge-baut, und da kam dann in deutscher Sprache: „Deutsches Volk, hier sind die Nachrichten", und dann ertönte Musik. Wir Kinder, sind alle da hin, wenn die Musik kam, sind um die Litfaßsäule herum marschiert. Richtig marschiert im Takt, und dann haben wir gestanden und die Nachrichten angehört. Die konnten wir ja zu Hause erzählen. So habe ich den Krieg erlebt, mit Beerdigungen von berühmten Fliegern, die wahnsinnig was geleistet haben, dann aber abgestürzt sind, weil sie in Deutschland während der Angriffe abgeschossen worden sind. Das habe ich alles so in der Weise als Kind erlebt. Das war ja unser Alltag.*

*- Werner Leuschner*

In den letzten drei Jahren seines Lebens schaffte Willi Leuschner es nur noch ab und zu Heimaturlaub zu bekommen, und seine Feldpostbriefe sind leider nicht erhalten geblieben, sodass sich heute kaum erahnen lässt, wie es ihm ergangen sein muss. So sehr Werner es auch versuchte, er würde sich mit der Zeit immer weniger an seinen Vater erinnern können. Werner selbst entwickelte sich währenddessen zu einem fröhlichen Jungen, einer echten Breslauer Lerge.

Mit dem Begriff *Lerge* wurden in Breslau ursprünglich dürre Pferde und Hunde bezeichnet, doch schnell wurde dieser Begriff auch so eine Art Kosename für die Bewohner der Stadt. Es war ein eher unflätiges Wort und viele Breslauer aus dieser Zeit würden später berichten, dass sie ordentlich einen hinter die Löffel kriegten, wenn sie es benutzten. Auch Werners Mutter mochte diesen Ausdruck nicht besonders, konnte aber nur wenig dagegen tun, denn obwohl Werner ein höfliches und guterzogenes Kind war, steckte ihm doch auch immer ein bisschen der Schalk im Nacken. Zusammen mit seinem besten Freund Harry spielte er den Leuten allerlei Streiche und war auch sonst ein eher sorgloses Kind.

*Wenn ich in der Wohnung war, und auf die Straße gehen wollte, dann bin ich hin zum Geländer gerannt, mit dem Bauch draufgesprungen, das geht ja so runter, und bis auf das nächste Podest gerutscht. Dann musstest du loslassen, auf die Beine springen, die Treppe ging wieder runter, du hast dich draufgeschmissen, und das hast du dann von oben bis unten gemacht ... von wegen Treppen laufen. Wenn's runter ging, dann ging das nur mit dem Bauch übers Geländer. Wenn andere Leute kamen, mussten die das Geländer loslassen und an die Seite gehen, weil ich dann vorbeigeflogen kam, die Beine hinten raus.*

*- Werner Leuschner*

Doch so schön und lustig Werners Erinnerungen an diese Zeit auch sein mögen, sie alle scheinen immer einen Wermutstropfen in sich zu tragen, denn auch wenn er die Treppen herunterrutschen konnte, im ersten Stock angekommen, galt für ihn und alle anderen weiterhin absolutes Sprechverbot.

Denn dort wohnte das jüdische Ehepaar, von dem er nicht einmal den Namen wusste. Sie wurden nicht aus Überzeugung gemieden, denn Werners Eltern waren keine Nazis, man wusste nur einfach nie, wer sonst noch im Haus mithörte und wollte sich nicht der Gefahr einer Denunziation aussetzen. Denn schon damals galt der Jude als Feind des Volkes, und Werners Mutter hatte schon mehr als genug damit zu tun, sich gegen die

Nachbarn zu verteidigen, weil ihre Kinder vehement den Hitlergruß verweigerten. Immer wieder war sie deshalb bereits Gesprächsthema bei den Nachbarn und oft genug hatte sie schon jemand zur Seite genommen, um ihr zu erklären, wie ungehörig und undeutsch sich ihre Kinder aufführten. Doch selbst als Werners großer Bruder zur HJ musste und das erste Mal in den schwarzen Hosen und dem braunen Hemd vor seiner Mutter stand, schüttelte diese nur den Kopf. Wenn es Pflicht war, sollte er das Ganze ruhig mitmachen, sie hatte ihm ja auch widerwillig die Uniformhose kaufen müssen, aber bei ihnen zu Hause würde es so etwas nicht geben. Sie war eine weltoffene und liebevolle Frau, und würde deshalb so viel Widerstand leisten, wie es gerade noch ging, ohne von der Gestapo verhaftet zu werden.

*In der ersten Etage war Schweigen angesagt, da ging man nicht dran vorbei und sprach, sondern da hielt man den Mund. Weil ich die Juden sogar noch erlebt habe, ich hab sie noch erlebt, als sie verhaftet und weggeschafft wurden, dass der Mann nicht mehr das Haus betreten hat. Er musste in die Parkanlagen, er musste sonst wo schlafen. Die Frau hat irgendwann mit der Tasche das Haus verlassen und ihm Essen gebracht. Sie war nicht aus dem Haus rausgegangen, bis man sie auch weggeholt hat. Die haben sie dann ja auch verhaftet, die haben sie umgebracht, vergast! Aber ich habe sie halt noch kennengelernt als normale Menschen, alle beide. Ich weiß noch, dass der Mann das Haus nicht mehr betreten durfte, und dass er irgendwo in den Grünanlagen leben und schlafen musste. Weil er das Haus nicht mehr betreten durfte, sonst hätte man ihn sofort verhaftet.*

*- Werner Leuschner*

Doch all das waren nur Randerscheinungen in der bunten Welt eines Kindes, das noch nicht einmal in die Schule gehen musste. Viel wichtiger als Gefangenentrecks auf den Straßen oder die provisorisch errichteten Gefangenenlager in den Grünanlagen Breslaus waren für Werner die Sommernachmittage mit seinem besten Freund Harry im Coseler Waldbad oder das Planschen in der Oder. Obwohl er noch nicht schwimmen konnte, schien Wasser Werners natürliches Element zu sein. Er liebte es, den Sandstrand unter den Füßen zu spüren und sich ins Wasser fallen zu lassen. Stunde um Stunde konnte er in der Oder baden, denn seine Mutter ging so oft es ging, mit den Kindern zum Spielen hinaus.

Irgendwann traf es aber auch die Leuschners hart und unvorbereitet. Werners Vater war gerade auf Heimaturlaub, als die Nachricht vom Tode seines Bruders bei ihnen eintraf. Walter Leuschner, Werners Onkel, war im Zivilleben ein Schildermaler gewesen, dann aber als Panzerfahrer zur Wehrmacht gekommen. Er war einer der Ersten gewesen, die bei dem Überfall auf Belgien fielen. Sein Panzer hatte einen Volltreffer abgekommen und der Tod musste schnell eingetreten sein. Werner sah seinen Vater mit dem Brief auf dem Sofa sitzen und leise um seinen Bruder weinen. Sie waren allein in der Wohnung, und sein Vater schien ihn nicht einmal zu bemerken.

*Als er auf Heimaturlaub war und die Todesnachricht seines Bruders aus Belgien kam, war ich allein mit ihm im Haus, und er saß im Wohnzimmer. Gegenüber war das Bett, wo er früher mal gelegen hat, auf der anderen Seite der Kaminofen mit einem Sofa davor.*

*Ich war allein mit ihm, und er hat den Brief bekommen. Er saß auf dem Sofa, tief drin, und hat den Brief in der Hand. Ich wusste nicht, wieso das alles so war, wie ich mich verhalten und was ich machen sollte. Neben dem Sofa war nur noch ganz wenig Platz, und dann kam das Klavier. Da hab ich mich einfach in diese Lücke reingesetzt. So auf der Erde war ich für ihn nicht sichtbar. Ich hab gesehen, dass er den Brief in der Hand hatte, draufguckte und wie die Tränen aufs Papier tropften. Aber ich kannte den Grund nicht. Weil er ja nun den Brief hatte, und da war die Todesnachricht von seinem Bruder drin.*

*Wie ich aufgestanden bin oder was ich dann gemacht habe, weiß ich nicht mehr. Ich seh nur immer das gleiche Bild, wie er da sitzt, vornübergebeugt und Tränen tropften runter. Das habe ich richtig bewusst erlebt, aber ich konnte nicht zu ihm hingehen, ihn trösten oder ansprechen. Ich bin wahrscheinlich genauso rumgeschlichen, wie ich's halt oft im Leben gemacht hab. Nur dass diese spezielle Erinnerung halt noch voll da ist. Es muss schrecklich für ihn gewesen sein, seinen Bruder auf diese Art zu verlieren.*

*- Werner Leuschner*

Solche kurzen Episoden sind alles, woran Werner sich später noch von seinem Vater erinnern kann. Während sich seine Mutter und die Nachbarn liebevoll um ihn kümmerten, war sein Vater immer nur ein paar Tage zu Hause, und manchmal war er dann so erschöpft, dass er kaum noch einen Fuß vor den anderen setzen konnte. Bei seinem Eintritt in die Wehrmacht war Willi Leuschner ein feinsinniger Klavierspieler gewesen, mit einem hohen Intellekt und einem Gespür für die schönen Dinge des Lebens, doch drei Jahre Krieg hatten ihren Tribut gefordert. Einfachste Dinge wollten ihm plötzlich nicht mehr gelingen und ständig war er auf der Hut. So etwas wie ein normaler Alltag war einfach nicht mehr möglich für ihn, selbst als Willis Frau ihn während seines letzten Heimaturlaubs darum bat, sich hinzulegen und auszuschlafen, sah man deutlich, was der Krieg aus diesen Männern gemacht hatte.

*„Jetzt bist du zu Hause, leg dich erst einmal ins Bett."*
*„Geht nicht ... geht nicht."*
*„Du musst doch schlafen. Du kommst jetzt rein und legst dich ins Bett."*
*„Ich kann nicht. Ich kann nicht ins Bett."*
*„Was sollen wir denn bloß machen?"*
*„Hier", er zeigt auf den Fußboden vor dem Bett.*
*„Das kannst du doch nicht machen."*
*„Ich kann nicht ins Bett, es geht einfach nicht."*
*Am Ende hat er sich tatsächlich auf den Boden gelegt. Da war's natürlich knochenhart, und es gab keine Matratze drunter. Es war wie im Krieg, da hast du auch nur eine Decke unter dir. Er konnte nicht mehr ins Bett, es war nicht mehr möglich für ihn. Bis zum Zusammenbruch konntest du ihm immer wieder sagen: „Komm doch ins Bett, du bist doch jetzt wieder zu Hause. Hier kannst du doch normal leben."*
*„Kann ich nicht."*
*Das sind so Sachen ... was mögen die alles noch erlebt, gefühlt und erlitten haben. Man muss doch eigentlich mal was wegschieben können, wieder was anderes annehmen, aber das war halt alles so schlimm ... Ja, das ist das, was ich noch weiß. Er hat da wirklich auf dem Boden gelegen.*

- Werner Leuschner

Aber wirklich schlimm, sollte es für die Familie Leuschner erst am 22.7.1942, an Werners sechstem Geburtstag werden. Irgendwo in der Ukraine hatte sein

Vater gerade einen Kameraden abgelöst, und dabei einen kurzen Blick aus dem Schützengraben geworfen, um sich ein Bild von der Lage zu machen. Dabei bekam er einen direkten Kopfschuss ab. Die Kugel durchschlug seitlich seinen Helm und verletzte Willi schwer. In späteren Briefen war stets zu lesen, dass er nicht hatte leiden müssen, dass er das Bewusstsein nicht wiedererlangt hatte und irgendwann am nächsten Morgen friedlich im Lazarett verstarb.

Aber wer konnte das schon so genau wissen? Keines der offiziellen Schreiben dieser Zeit schilderte grausame Verstümmelungen, Todesschreie oder stundenlanges Leiden. Sie alle starben offiziell den Heldentod, fielen für ihr Vaterland und erlangten das Bewusstsein nach einer schweren Verletzung niemals wieder. Es war nun einmal Teil der Propaganda, dass es an der Front nur heldenhafte Tode und kein Leiden gab.

Doch es war nicht die Wehrmacht, die die Familie Leuschner über den gefallenen Soldaten informierte. Es muss Anfang August gewesen sein, als plötzlich fremde, schwarz gekleidete Menschen in der Wohnungstür der Leuschners standen und Werners Mutter einen Brief überreichten, geschrieben von ihrem eigenen Sohn, dem Mann, den Willi Leuschner einige Tage zuvor im Graben abgelöst hatte. Er schrieb:

*Im Osten, den 23.7.42*

*Liebe Eltern!*

*Ich schreibe euch in einer sehr gedrückten Stimmung. Am Montag wurde von meinem Trupp ein Mann verletzt, und gestern fiel der Erste von unserem Trupp.*

*Ein Breslauer mit Namen Leuschner von der Grünberger Str. 9, Vater von drei reizenden Kindern. Ein lustiger Kerl. Er hatte mich gerade abgelöst, und da ereilte es ihn auf einmal. Wir trugen ihn zum Verbandsplatz, doch er war schon ohne Besinnung und ein paar Stunden später ist er verschieden. In unserer Nähe schlug es dauernd ein, aber solange es keinen Bekannten erwischt, denkt man nicht darüber nach. Die kleinen „Krabben" haben noch so nett an ihren Vati geschrieben und ihn gebeten, bald nach Hause zu kommen, und nun kehrt er nie mehr heim, so wie so viele andere.*

*Die Einzelschicksale sind grausam! Ich sitze hier auf seinem Platz, seine sämtlichen Zivilsachen befinden sich noch hier. Glaubt mir, dieses Erlebnis ist ein gewaltiges. Wie diese Männer hier alles ertragen, ist meisterhaft, wahrlich jeder Einzelne von ihnen ist ein Held.*

*Jetzt ist der Russe ein wenig ruhiger geworden, doch wie lange noch? Ich nehme diese Zeit wahr, um euch Lieben zu schreiben. Mir persönlich geht es immer noch gut, meine Schnittwunden heilen langsam doch allmählich zu. Sitzen kann ich auch schon wieder. Heute haben wir den ganzen Nachmittag über unseren Bunker ausgebaut. So sind wir gegen Splitter sicher und können, wenn wir keinen Dienst haben, nachts beruhigt schlafen.*

*Ich wünsche euch nun eine gute Nacht, ebenfalls meiner kleinen Traute und bleibe stets euer dankesschuldiger Sohn.*

*Gert*

Zwei Tage, nachdem er diese Zeilen geschrieben hatte, fiel auch Gert. Die Nachricht seines Todes war bereits unterwegs, aber noch nicht bei seiner Familie angekommen. Es waren also die Eltern eines Gefallenen, die der Frau eines anderen Gefallenen die Nachricht überbrachten. Werner sah, wie seiner Mutter die Tränen in die Augen schossen, sie sich aufs Sofa sinken ließ und wie die beiden dunkel gekleideten Herrschaften nach tröstenden Worten für die soeben zur Witwe gewordene Frau suchten. Wie es nun mal schon immer seine Art gewesen war, zog sich Werner leise zurück, ging die Treppen zur Straße hinunter und setzte sich vor das Haus. Dieses Mal rutschte er nicht bäuchlings das Geländer herunter, und niemand musste ihn im ersten Stock daran erinnern zu schweigen. Er ging einfach mit gesenktem Kopf die Treppe hinab, öffnete die Haustür und setzte sich auf die Stufen. Dort legte er seinen Kopf auf die Arme, starrte zu Boden und ignorierte die Grüße der vorbeieilenden Passanten.

Er war ganz und gar in seiner eigenen Welt gefangen. Eine Welt, die kein sechsjähriges Kind jemals betreten sollte. Aber weinende Kinder waren zu dieser Zeit keine Seltenheit mehr, und so saß er sehr lange dort, während sich die Erwachsenen oben in der Wohnung weiter unterhielten. Irgendwann ging Werner die Treppe wieder hinauf, umarmte stumm seine weinende Mutter und versuchte sie zu trösten. Es waren nur wenige Stunden vergangen, aber es kam ihnen allen wie eine Ewigkeit vor.

Ein paar Tage später traf überraschend ein Brief ein, mit dem niemand gerechnet, und von dem auch niemand etwas gewusst hatte. Willi Leuschner hatte ihn geschrieben und bei einer Freundin der Familie deponiert, für den Fall, dass er nicht wieder heimkehren sollte. Es waren seine letzten Worte an seine Frau und seine Kinder:

*Im Felde, den 11.5.1942*
*Mein über alles in der Welt geliebtes Herzel und Kinder!*

*Der augenblicklich furchtbare Kampf treibt mich dazu, an Dich folgende Zeilen zu richten:*

*Es geht hier für jeden Einzelnen um Sein oder Nichtsein. Da ich selbst schon schwerste Momente erlebt und gesehen habe, wie so mancher Kamerad ohne ein letztes Wort an seine Lieben gehen musste, und ich Dir bisher noch nie so genau von den Gefahren geschrieben habe, in denen wir jetzt jede Sekunde stecken, will ich mit diesen letzten Worten von Dir Abschied nehmen.*

*Ich bin all die Jahre nicht gleichgültig an Dir vorübergegangen. Was mich bisher nicht den richtigen Weg zu Dir finden ließ, ist mir selbst ein Rätsel. Oft hatte ich es vor, mit Dir einmal zu sprechen, aber es blieb immer bei dem Gedanken. Ich wusste mir keinen anderen Ausweg, als den, Dir durch eine große Tat, meine große Liebe zu beweisen. Ich wusste genau, was ich auf mich nahm, es war nicht unüberlegt von mir. Es sollte unser aller Glück sein. Verstehe mich bitte und mache mir keine Vorwürfe, sei mein tapferes geliebtes Herzel, wie Du es immer warst, lebe für unsere geliebten Kinder.*

*Kurt, Werner und Irmchen. Sie waren mein Stolz und ich hoffe, ihnen immer ein guter Papa gewesen zu sein. Ich bin schon von Dir mit dem Gefühl gegangen, dass ich Dich nicht wiedersehe, doch in diesen Tagen verstärkte es sich so sehr, dass ich nicht anders konnte, als Dir diese letzten Zeilen bei der lieben Bertel zu hinterlegen. Über alles geliebtes Herzel und Kinder, haltet den Kopf hoch, seid nicht traurig, so viele Tausende teilen mein bitteres Los. Habe herzlichen Dank für jeden Brief, den Du mir ins Feld geschickt hast, so weint nicht und lasst mich schlafen, bis wir uns einst wiedersehen.*

*Euer Papa*

*Herzliche Grüße auch an meine Eltern, Oma, Bürgers, Bertel, Kurt und Erna!*

Werners Mutter brach bei diesem Brief endgültig das Herz und so sehr man es auch versuchte, niemand konnte sie mehr trösten. Plötzlich allein mit drei Kindern, verlor sie jegliche Hoffnung, und die Trauer schien sie von innen heraus zu zerfressen. Während dieser Trauerphase konnte sie wochenlang kaum die Wohnung verlassen. Deshalb erbot sich schließlich Werners Großmutter, die Familie zu besuchen und sich um die Kinder zu kümmern. Sie hatte ihren eigenen Mann im ersten Weltkrieg verloren und wusste deshalb ganz genau, was zu tun war. Werners Mutter war weder zum Einkaufen, Putzen oder Aufräumen in der Lage.

Genau in diese Zeit fiel Werners Einschulung, und er musste schließlich allein dort hingehen, da seine Mutter noch immer keinen Fuß vor die Tür setzen konnte. Auf dem einzigen Foto, das von diesem Tag existiert, steht er wie verloren da, in den Armen eine leere Schultüte, die ihm die Mutter eines Freundes für das Foto in die Arme gelegt hat. Es gab ja nichts mehr, was man in die Tüte hätte packen können, und selbst wenn es etwas gegeben hätte, Werner hatte ja nicht einmal eine eigene Tüte.

Werners Mutter erholte sich nur langsam, denn der Schock saß immer noch tief. Ihr Mann war ihr so plötzlich genommen worden, und außer einem kleinen Karton mit seinen letzten Habseligkeiten und dem Foto eines Grabes irgendwo in der Fremde, war ihr nichts von ihm geblieben. Erst Wochen später sollte sie in einer außergewöhnlichen Form Abschied von ihm nehmen können.

Sie und die Kinder waren gerade auf dem Weg in den Eichenpark, als eine kleine Prozession auf den Friedhof einbog. Nur der Sarg, die Sargträger und der Pfarrer. Niemand sonst begleitete den unbekannten gefallenen Soldaten und so entschied sich Werners Mutter spontan dazu, dem Sarg zu folgen und dem Soldaten die letzte Ehre zu erweisen. Sie alle gingen zwischen den Grabsteinen entlang und saßen schon bald in der Kapelle, als vorn der Sarg hereingebracht wurde.

Schweigend lauschten die Leuschners der Predigt über den Unbekannten und gingen anschließend mit der Prozession zu dem offenen Grab, wo der Sarg langsam in der Erde versenkt wurde. Den Namen des Soldaten erfuhren sie nicht, aber der war auch nicht wichtig für sie. Denn sie alle nahmen in diesem Moment Abschied von einem ganz anderen Mann. Endlich konnten sie so etwas wie einen Abschluss finden, und um ihren Mann und den Vater trauern, der so weit weg in Feindesland beerdigt worden war.

Die Zeiten in Breslau waren immer härter geworden, Lebensmittel gab es mittlerweile nur noch rationiert und mit Bezugsschein und am Striegauer Platz war unlängst ein Bunker errichtet worden, in dem die Menschen der Nachbarschaft immer öfter Schutz suchen mussten.

*Ich zieh mich aus. Du hast einen Stuhl mit einer Rückenlehne, und dann fängst du an. Unterhose, Unterhemd, Hemd, Oberhemd, Hose, Socken, alles musste immer hundertprozentig richtig liegen. Denn wenn die Sirene ertönte, mussten wir ja in zwei Minuten schon fertig angezogen sein, damit wir losgehen konnten. So habe ich das erlebt. Ich musste das genauso machen, wie meine Geschwister. Losgehen, in den Bunker und dann herrschte Stille. Du saßt da drin, bis du irgendwann die Nachricht gekriegt hast, dass du wieder nach Hause gehen kannst. Wie die das gemacht haben, weiß ich nicht, ob da eine Sirene anging oder ob das nur mündlich war, das weiß ich nicht mehr. Ich weiß nur, dass man stundenlang da im Bunker gesessen hat. Und du konntest nur dasitzen. Jeder hatte eine Tasche voller Sachen dabei. So schlimm war das nicht, das haben wir einfach locker gemacht jedes Mal.*

*- Werner Leuschner*

Die Lage spitzte sich immer weiter zu und im August 1944 wurde Breslau schließlich endgültig zur „Festung" erklärt. Die Juden wurden bereits seit Jahren immer wieder in Schüben deportiert und in die nahe gelegenen Außenlager des KZs Groß-Rosen deportiert. Synagogen wurden in Brand gesteckt und bei der *FaMo*, der Firma in der Werners Vater einst gearbeitet hatte, standen längst Zwangsarbeiter am Band und bauten Flugzeugmotoren.

Es war einfach kein Umfeld mehr für ein Kind, aber wo gab es das momentan überhaupt noch? Die Stadt war jedenfalls nicht mehr sicher, und deshalb ordnete Gauleiter Hanke die Kinderlandverschickung an.

Hunderte von Kindern wurden daraufhin von ihren Eltern zum Bahnhof gebracht, und auch Werner und sein Bruder Kurt fanden sich bald auf dem Bahnsteig wieder. Werner schwenkte fröhlich seinen Persil-Karton hin und her, den seine Mutter ihm anstelle eines Koffers mitgeben musste, und keines der Kinder verstand, wieso die Erwachsenen alle weinten. Man plante schließlich einen Ausflug, das war doch eine tolle Sache in einer Zeit, in der die Kinder sonst nicht viel anderes machen konnten, als Granathülsen und Bombensplitter zu sammeln.

*Der Kurt, mein älterer Bruder, der musste überall hin, wo die Bomben eingeschlagen sind und Metall sammeln. Die Granaten schossen ja wie die Teufel, da siehst du dann die ganzen Splitter rumliegen. Man hat ein Säckchen dabei und dann hieß es immer nur: sammeln, sammeln, sammeln. Das hat der Kurt immer gemacht. Ich nicht, aber von ihm weiß ich das. Ich bin manchmal aber mitgegangen, denn damals gab es noch keine Bombenangriffe, die ganze Stadtteile vernichtet haben. Im Radio hieß es dann immer nur: „Heute waren die Bomben im Westen von Breslau, in der und der Straße gab es Einschläge". Da konnte der Kurt dann hin und Splitter sammeln gehen.*

*Die wurden irgendwo aufbewahrt, weil man da ja wieder Waffen draus machen konnte. Ob was passiert ist, weiß man nicht, denn als die letzten Kriegsjahre da waren, war das alles nur noch Spielerei. Und sammeln mussten wir halt. Das haben die Schulen alle gemacht, die kamen mit ihren Beuteln und brachten das dann weg. Denn unsere Flak, die hat gut geschossen in Breslau.*

*Das habe ich mir oft angeguckt, wenn die russischen Flieger kamen. Da gingen die Scheinwerfer an, gingen am Himmel lang … „Ach da ist ein Flugzeug" … das wurde dann eingefangen und verfolgt, und dann schossen die die Granaten in den Himmel. Das habe ich gesehen, wenn die mit den Scheinwerfern den Himmel nach feindlichen Flugzeugen abgesucht haben. Es gab aber auch Aufklärer, die haben keine Bombenangriffe gemacht, sondern nur gesucht. Die haben die Gebiete ausgesucht, sie gefilmt und dann kriegten die Piloten Anweisungen, was sie machen müssen.*

*- Werner Leuschner*

Es war für die Kinder also eine große Erleichterung, als sie Breslau endlich verlassen durften, um in den umliegenden Dörfern Schutz zu suchen. An den Bahnsteigen herrschte reges Treiben. Mütter weinten, Lehrer versuchten, ihre Schar zusammenzuhalten, die Kinder sangen, spielten und liefen ausgelassen umher. Es wirkte eher wie ein großes Volksfest, und hätte es nicht die Bombenschäden rund um den Bahnhof herum gegeben, hätte man meinen können, alles wäre nur ein Spiel gewesen. Die Kinder stiegen irgendwann in die Waggons, die Eltern winkten zu den halb offenen Fenstern hinauf und reichten ihnen noch letzte Kleinigkeiten.

Die Erwachsenen versuchten natürlich, gute Miene zum bösen Spiel zu machen, denn wenn die Kinder erst einmal weg waren, was hätte man denn dann noch? Man würde zurückgehen müssen in eine Stadt, die immer mehr zerstört wurde, wo Kirchen und ganze Straßenzüge von den eigenen Leuten gesprengt wurden, um Platz für die landenden deutschen Maschinen zu schaffen und Ziele für den Feind von oben unkenntlich zu machen.

Fliegeralarm gab es nun fast jede Nacht, und immer mehr Meldungen von Toten und Verletzten machten die Runde. Man wusste nie, ob man am nächsten Tag nicht selbst nur noch eine Zeitungsmeldung oder ein Gerücht sein würde. Aber all das konnte man den Kindern natürlich nicht sagen, die jetzt singend und klatschend in den Wagen saßen.

„Wir fahren gegen Engeland" war eines der Lieder, die nun immer wieder angestimmt wurden, um die Stimmung aufrecht zu erhalten, und bald darauf setzte sich der Zug in Bewegung. Ein letztes Winken, dann verlor man sich aus den Augen. Der Zug fuhr in Richtung Osten, unverständlicherweise der Front entgegen, doch das interessierte in diesem Augenblick wohl niemanden. Denn auf dem Lande waren die Kinder bestimmt sicherer als hier, und wenn der Feind erst einmal zurückgeschlagen worden war, würde man sie schnell wieder zurückholen. An ein Verlieren des Krieges wollten noch immer die wenigsten glauben, und selbst, wenn man insgeheim nicht sicher war, eine Wahl gab es doch sowieso nicht.

Nach der ersten Ankunft leerten sich langsam die Abteile, denn Bahnhof für Bahnhof wurden die Kinder nun aus dem Zug geholt, der Reihe nach aufgestellt und anschließend wahllos an die Dorfbewohner verteilt. Kurt, Werners älterer Bruder, war eines der ersten Kinder, die aussteigen mussten. Werner sah ihn aus dem Abteil heraus am Bahnsteig stehen, doch verabschieden konnten sie sich nicht mehr voneinander, da sich der Zug jetzt wieder in Bewegung setzte. Werner versuchte, sich den Bahnhof genau zu merken, an dem man seinen Bruder ausgeladen hatte, denn vielleicht würde ihm dieses Wissen später einmal nützen. Zwei Stationen später, holte man auch ihn aus dem Zug. Den Persil-Karton an sich drückend, stieg er aus und sah sich halb neugierig, halb ängstlich um.

## Pluskau

Vor dem Bahnhof standen schon die Bauern der umliegenden Höfe, und beinahe wie auf einem Sklavenmarkt durfte sich jeder von ihnen ein Kind aussuchen, das er dann auf seinen Wagen setzte und mit nach Hause nahm. Werner, der sich ängstlich hinter den anderen versteckt hatte, sah, wie sich die Reihen der Kinder immer mehr lichteten, und bald darauf standen nur noch er und Harry auf dem großen Platz, vor sich zwei Frauen, die sie ein wenig abwertend anblickten. „Den da will ich nicht", sagte die eine und deutete auf Werner, „der ist mir zu mickrig." Mit diesem einfachen Satz war Werners Schicksal besiegelt. Er würde also in das Haus der anderen Frau kommen … in das Haus von Emil Wiersna, dem Schmied des Ortes.

Dort angekommen, zeigte man Werner sofort die Fotos der beiden Wiersna-Söhne und fragte ihn, welchen von beiden er sympathischer fand. Werner wies auf eines der beiden Bilder und sagte: „Den da." Auf diese Weise war entschieden worden, wessen Zimmer er bekam, denn beide Söhne befanden sich im Krieg und ihre Zimmer standen daher leer.

Obwohl Werner und die anderen Kinder eigentlich nur aus der Stadt heraussollten, wurden sie in ihren neuen Häusern natürlich sofort für die Hausarbeiten mit eingespannt. Manche mussten Kühe hüten, andere sammelten Feldfrüchte. Werner hingegen begann schon bald Botengänge für den Schmied zu erledigen.

Eigentlich hätte in Pluskau der normale Schulunterricht für die Kinder weitergehen sollen, doch die Lehrerin, die jede Woche extra aus Breslau kam, um sie zu unterrichten, erschien leider nur einmal die Woche. An diesem Tag setzte sie sich dann mit den Kindern zusammen auf eine Wiese und gemeinsam schlugen sie die Zeit tot. Sie bekamen noch nicht einmal Hausaufgaben auf, sie wurden einfach nur einmal die Woche halbherzig dort versammelt, durchgezählt und dann wieder zurück auf die Höfe geschickt. Die Kinder waren einfach über zu viele Dörfer verteilt worden, als dass eine einzelne Lehrerin sich um alle hätte kümmern können. Deshalb fuhr sie jetzt jeden Tag in ein anderes Dorf. Es gab allerdings kein Konzept, das war schnell offensichtlich, und irgendwann blieb die Lehrerin einfach fort. Auf diese Weise hatten die Kinder fortan genug Zeit, um auf den Höfen mitzuhelfen, Ställe auszumisten, Holz zu schleppen oder das Vieh auf die Weide zu treiben.

Werner und sein Freund Harry arbeiteten direkt im Haus, Werner in der Schlosserei, Harry in der Tischlerei. Die beiden Besitzer, zwei Brüder, hatten ihre Häuser genau nebeneinanderstehen. Eine kleine Pforte im Zaun ermöglichte es den beiden Kindern, sich gegenseitig zu besuchen und so kam es des Öfteren vor, dass der eine bei dem anderen in der Werkstatt saß und beide zuschauten, wie die Kriegsgefangenen Werkstücke anfertigten.

Denn die Wiersna-Brüder hatten nicht nur jeweils ein Kind aufgenommen, sondern auch noch einen Gefangenen in ihrer Werkstatt, der sich dort frei bewegen konnte. Morgens, mittags und abends saßen die Gefangenen mit am Tisch und aßen gemeinsam mit der Familie. Das war zwar offiziell verboten, aber hier draußen auf dem Dorf, kümmerte sich niemand so wirklich um das, was im fernen Berlin entschieden und bestimmt wurde.

Morgens kamen die Gefangenen aus ihrem Sammellager zur Werkstatt, bewegten sich dort frei und unbekümmert, und abends kehrten sie wieder in ihr Lager zurück. In der Zeit dazwischen hätte man sie fast für freie Männer halten können, wäre da nicht die Tracht Prügel gewesen, die sie ab und zu vom Gendarm bekamen, wenn der Herr des Hauses das Gefühl hatte, sein Gefangener wäre zu bequem geworden.

Wurde es doch mal politisch, machten die Wiersnas jedem schnell klar, wie wenig sie von den Nazis und der ganzen Führungselite hielten. Sie gingen sogar so weit, sich beim Bäcker des Dorfes zu treffen, da dieser einer der wenigen im Dorf war, der ein Radio besaß. Dort wurden dann die verbotenen Feindsender gehört. Denn nur auf diese Weise konnte man wirklich erfahren, wie es um den Krieg stand, wo genau die Front verlief und mit was für einem Ausgang zu rechnen war.

Werner, der oft mit dabei war, ging dann am nächsten Tag durch das Dorf und erzählte jedem frei heraus, was er am Abend zuvor gehört hatte. Er wusste ja nicht, dass es einem Todesurteil gleichkam, wenn dies dem Falschen zu Ohren kam. Er war froh und zufrieden, wenn er die Umgebung des Dorfes kennenlernen konnte, in dem er reparierte Fahrräder auf die Höfe zurückbrachte, Holz holte oder in seiner freien Zeit mit Harry spielte. Für eine kurze Zeit schien der Krieg wieder weit weg zu sein, doch wie so viele andere Kinder vermisste er natürlich seine Mutter.

Es kam ihm ganz gelegen, dass eines Tages ein komplettes Orchester in das Dorf kam. Nicht, um zu musizieren, sondern im Rahmen des Bartold-Unternehmens. In einem der letzten verzweifelten Versuche, das Unaufhaltsame doch noch aufzuhalten, hatte die militärische Führung beschlossen, einen langen Graben quer durch die Region zu ziehen, der im Idealfall fünf Meter breit und drei Meter tief sein sollte. Abgedeckt mit Strohmatten sollten diese Gräben als Panzerfallen dienen und den Vormarsch der Roten Armee aufhalten. Also tauschten die Musiker ihre Instrumente gegen Schaufeln und Spaten und machten sich an die Arbeit. Nur abends nach Feierabend wurde auf dem Platz gegenüber von Werners Unterkunft, wo sie ihre Zelte aufgeschlagen hatten und nun, wie die Zigeuner hausten, musiziert.

Schon bald hatte Werner mit einigen der Musiker Freundschaft geschlossen. So kam es, dass ihm eines Tages einige der Frauen aus dem Orchester anboten, ihn an den Wochenenden mit zurück nach Breslau zu nehmen. Das war natürlich streng verboten, doch das ganze Land befand sich bereits mitten in der Auflösung, da fiel ein kleines Kind im Zug nun wirklich nicht mehr auf. Die Männer befanden sich im Krieg und die Frauen waren mehr als glücklich, wenn sie ihre Kinder mal wiedersehen konnten. Wer hätte das Ganze auch noch kontrollieren oder sich darüber beschweren sollen?

*Wenn ich dann nach Hause kam, entdeckte ich wieder eine ganz andere Welt. Zum Bruder hin und zur Schwester ... wir fremdelten schon miteinander. Wir hatten eine Kommode mit drei Schubladen, und jedem gehörte eine davon. Die unterste der Irmgard, die zweite mir, die oberste dem Kurt. Da war das ganze Spielzeug drin, es durfte ja nichts rumliegen in der Wohnung. Das war immer alles eingeräumt, und jeder hatte halt viel davon. Die Laden waren immer voll bis obenhin, da musste ja auch jedes Buch und alles andere drin liegen. Wenn ich nach Breslau kam, wollte ich natürlich sehen, was ich noch besaß. Ich hatte ja in Pluskau nichts. Aber ich durfte es nicht ausräumen, das hatte meine Mutter mir verboten. „Wie soll ich das denn alles wieder reinkriegen, sodass ich die Lade zuschieben kann?", hatte sie gesagt. „Du hast ja bis zum letzten Zentimeter alles vollgestopft." Statt dass sie sagte: „Jetzt bist du mal zu Hause, dann mach das ruhig", hat sie es verboten. Ich weiß noch, wie die Irmgard vor der Kommode war, ich saß seitwärts, guckte immer wieder rein, hob mal was hoch, und das vergesse ich niemals, ich sehe mich heute noch so dasitzen, die Irmgard davor. Es war ja meine Schublade, deshalb zog ich die immer wieder auf und schaute rein. Mehr durfte ich nicht machen.*

- Werner Leuschner

So konnte Werner wenigstens an manchen Wochenenden wieder zu Hause bei seiner Mutter und seinen Geschwistern schlafen. Seine kleine Schwester hatte Breslau wegen ihres jungen Alters gar nicht erst verlassen können und sein älterer Bruder war von dem Hof, auf den man ihn gebracht hatte, schnell wieder getürmt. Er erzählte Werner, wie es ihm bei dem Bauern ergangen war, und dass man ihm verboten hatte, das Wohnhaus auch nur zu betreten und wie er letzten Endes mit polnischen Kriegsgefangenen zusammen im Stall hatte hausen müssen, auf einem Dachboden direkt über den Kühen und den Schweinen. Er berichtete ihm davon, wie er nachts gehört hatte, dass die Polen darüber gesprochen hatten, dass Deutschland den Krieg bald verlieren würde, und wie sie die umliegenden Bauernhöfe bereits unter sich aufteilten, während sie eine Zigarette kreisen ließen. Ganze zwei Monate hielt er es dort aus, bevor er sich aus dem Staub machte.

Werner hingegen ging es eigentlich recht gut bei dem Schmied und so fuhr er nach jedem Wochenende in seiner Heimat wieder brav mit den Musikern zurück nach Pluskau, wo sich nun der Hauptteil seines Lebens abspielte. Es war für den Schmied um so vieles leichter, ihn auf dem Dorf zu versorgen als es für seine Mutter in Breslau gewesen wäre, mit den wenigen Lebensmittelmarken, die sowieso schon bald auch nicht mehr viel wert sein würden. Werner lieferte weiterhin die reparierten Fahrräder aus, besuchte die Musiker des Barthold-Unternehmens auf der anderen Straßenseite und ließ es sich auch sonst so gut gehen, wie es eben möglich war.

So ging der Herbst recht schnell vorbei, der Winter begann und man feierte ein ärmliches und trauriges Kriegsweihnachten 1944. Silvester kam und ging, und Radio London brachte jeden Abend schlechtere Nachrichten. Die Front rückte immer dichter an das kleine

Dorf heran und bald schon hörte man die Nachrichten nicht mehr nur aus dem Radio, sondern auch von den ersten Flüchtlingen, die das Dorf passierten.

Natürlich wusste man von den Erschießungen, den Plünderungen und den Vergewaltigungen der Deutschen auf ihrem Vormarsch nach Russland, und daher glaubte man, auch zu wissen, was einem später selbst vom Feind drohte. Die Rache des Russen würde fürchterlich sein, davon war man im Ort fest überzeugt. Plötzlich ging alles Schlag auf Schlag.

Am Freitag, dem 19.1., sollten die Kinder den Zug zurück zu ihren Eltern in die Heimat besteigen, denn bereits am folgenden Tag wollte man Breslau offiziell evakuieren. Es war also zwingend erforderlich, dass die Kinder rechtzeitig zurückgeschickt wurden, damit sie vom Bahnhof abgeholt werden konnten, bevor alle flohen. Nachdem man in Pluskau die fremden Kinder losgeworden war, wollte man am Samstag ebenfalls seine Sachen packen und am Sonntag, den 21., die Flucht antreten. Eine offizielle Order für das Dorf gab es zwar nicht, aber wenn sie dort drüben im Westen fliehen durften, ohne erschossen zu werden, dann galt das für die Dörfer an der Ostfront doch bestimmt auch.

Die Koffer und Taschen der wenigen noch in Pluskau und Umgebung lebenden Kinder wurden also gepackt, man stellte sie vorne in den Hausflur und damit vergaß man die Kinder quasi sofort. Es war einfach keine Zeit mehr, die Kinder selbst zum Bahnhof zu bringen, jeder musste jetzt sein eigenes Leben retten. Die Kinder waren bei vielen schon komplett aus der allgemeinen Wahrnehmung gestrichen, und jeder kämpfte jetzt nur noch für sich selbst.

So erklärt es sich auch, dass die Frau des Schmieds freitagabends erschrocken zurücksprang, als sie plötzlich Werner ganz unerwartet in ihrer Küchentür stehen sah. Kreidebleich starrte sie ihn an, bevor sie ihn an den Schultern packte und fest schüttelte. „Was machst du denn noch hier?", rief sie erschrocken, „wieso bist du noch nicht weg?" Ihre Stimme war erschreckend schrill und erst in diesem Moment fiel Werner siedend heiß ein, dass ja heute der Tag der Rückreise gewesen wäre. Heute Mittag war der Zug abgefahren und er hätte zu seiner Mutter zurückkehren sollen. Er hatte es einfach vergessen und niemand war da gewesen, um ihn daran zu erinnern. Angst machte sich jetzt in ihm breit, denn plötzlich wurde ihm bewusst, dass er den vielleicht größten Fehler seines noch jungen Lebens gemacht hatte. Er war jetzt das letzte verbliebene Kind der Kinderlandverschickung, der Einzige, der den Weg nach Hause nicht angetreten hatte und nun die Stunden zählen konnte, bis er vollkommen allein sein würde. Die simple Tatsache, dass er keine Uhr besaß, würde ihm jetzt das Genick brechen. Ein letztes Mal machte man ihm aus Mitleid sein Bett im Hause des Schmieds fertig, aber Hoffnung konnte man ihm keine mehr machen.

Am nächsten Morgen war der Schmied tatsächlich verschwunden. Er und seine Frau hatten frühmorgens das Motorrad genommen und waren losgefahren, um mit ein bisschen Glück irgendwo einen defekten LKW zu finden, den sie für sich reparieren konnten.

Denn viele Flüchtlinge, und auch einige Soldaten, hatten ihre Fahrzeuge einfach in der Umgebung stehen lassen müssen. Es würde sich also bestimmt ein fahrbarer Untersatz finden lassen, und dann könnten sie mit dem LKW zurückkehren, ihren Hausrat darin verstauen und bequem flüchten. An Werner dachten sie in diesem Moment überhaupt nicht mehr.

Dieser stand jetzt allein vor dem Haus des Schmieds, bei dem er die letzten Monate gelebt hatte und wusste nicht, was er jetzt tun sollte. Er ging ins Nachbarhaus zum Tischler, wo er so oft mit seinem Freund Harry gespielt hatte, und hoffte dort Schutz und Hilfe zu finden. Doch auch hier war man viel zu sehr mit sich selbst beschäftigt. Man schickte ihn weiter zu einem der umliegenden Höfe. Dorthin hatte er immer die reparierten Fahrräder und Werkzeuge geliefert, garantiert würde einer von ihnen Werner mitnehmen. Irgendjemand würde sich seiner schon annehmen.

Irgendjemand … nur man selbst nicht. Werner lief verzweifelt von Haus zu Haus, sah wie die Bewohner ihre Koffer packten, und fragte sie, ob sie ihm helfen könnten. Doch jeder Einzelne von ihnen schüttelte den Kopf. Wie hätte man noch einen Jungen unterbringen sollen, wenn jeder Quadratzentimeter auf dem Wagen gebraucht wurde? Auf den Fuhrwerken standen Koffer, kleine Möbel und Säcke mit Wäsche. Irgendetwas davon hätte man doch bestimmt zurücklassen können, um ihm, einem achtjährigen Kind, das Leben zu retten. Da war sich Werner sicher, doch er wagte es nicht, diesen Gedanken laut auszusprechen.

Immer hieß es nur, man könne leider nichts für ihn tun und er solle es doch woanders versuchen. Irgendjemand würde sich schon um ihn kümmern. Immer wieder bekam er dieses „Irgendjemand" zu hören. Also zog Werner weiter, den ganzen Tag lang suchte er, bis er schließlich irgendwann wieder vor dem Haus des Tischlers stand. Niemand hatte ihn haben und mitnehmen wollen, und so waren seine Möglichkeiten irgendwann endgültig ausgeschöpft. Es war zu spät. Er würde nicht mehr nach Hause kommen.

Also verbrachte Werner den letzten Abend vor der Flucht im Haus des Tischlers, ohne zu wissen, was am nächsten Tag mit ihm geschehen würde. Die Stimmung von allen war düster, und jeder hing seinen eigenen Gedanken nach.

Werner hätte sich so gefreut, wenn wenigstens sein Freund Harry noch hier gewesen wäre, doch auch der hatte schon vor einer ganzen Weile Reißaus genommen. Man sprach nur wenig an jenem Abend, die Familie, die zu Besuch gekommen war, verabschiedete sich bald und man ging so früh wie möglich zu Bett. Schlafen konnte allerdings niemand so richtig.

Am nächsten Tag, Sonntag, den 21. Januar 1945, begannen die Menschen bereits im Morgengrauen ihre Kutschen, Pferdewagen und Handkarren zu beladen. Jemand fand die Leichen des Ehepaares mit den drei Kindern, die abends noch bei den Wiersnas zu Besuch gewesen waren. Ihr Abschied dort war ihr letzter überhaupt gewesen. Ihnen hatte die Möglichkeit gefehlt, weit weg zu fliehen, und so hatten sie keinen anderen Ausweg mehr gesehen, als sich und ihre Kinder zu töten. Lieber tot als bei den Russen, so groß war die Angst damals gewesen. Kriegsgefangene, die zurückblieben, erhielten die Anweisung, die Familie später zu beerdigen. Das freigelassene Vieh lief zwischen den Menschen auf dem Dorfplatz umher und Wagen um Wagen setzte sich in Bewegung.

Und inmitten von all diesem Trubel stand der kleine Werner, dem nach und nach alle Optionen ausgegangen waren. Doch dann packten ihn plötzlich die Hände des Tischlers.


## Michelsdorf

Was nun folgte, war die tagelange Flucht vor der russischen Front. Tagsüber hörte man das Donnern der Granaten, nachts sah man den beängstigenden Feuerschein am Himmel. Der Flüchtlingstrupp schien überhaupt kein Ende mehr zu nehmen. Wie eine dunkle Schlange zog er sich durch die schneebedeckte Landschaft. Immer weiter marschierten sie durch den Schnee, bei Temperaturen von bis zu minus zwanzig Grad. Hinter sich immer den Feuerschein der Front und mit einem unglaublichen Hunger, der schon bald ihr ständiger Begleiter geworden war. Hin und wieder starb jemand auf der Flucht und wenn er großes Glück hatte, wurde er mit einem Zettel am Straßenrand abgelegt, auf dem man seinen Namen und seine ursprüngliche Adresse notiert hatte. Oft blieben die Toten aber auch einfach dort liegen, wo sie hingefallen waren, und wurden lediglich achtlos beiseitegeschoben, um Platz für die Nachkommenden zu schaffen. In den Straßengräben lagen immer wieder tote Kinder, die von ihren Müttern eingewickelt und auf dem harten Boden liegen gelassen worden waren.

In den Dörfern, durch die sie kamen, strömten Menschen zu ihnen und versorgten sie mit Tee und Maiskaffee, bevor sie damit begannen, ihre eigenen Koffer und Taschen zu packen. Informationen, Geschichten und Routen wurden ausgetauscht und auf einmal war man selbst einer von denen, die die anderen vor dem Russen warnte.

All das konnte Werner von seinem Wagen aus beobachten. Man hatte entschieden, dass der Marsch zu weit für ihn war, deshalb durfte er auf dem Wagen bleiben, zwischen all den anderen Gepäckstücken. Hin und wieder brachte ihm der Tischler etwas zu essen, und wenn Werner austreten musste, musste er sich danach beeilen, den Wagen wieder einzuholen. Er rannte mit seinen kurzen Beinen durch den Schnee und kletterte dann wieder über den Kutschbock auf den Wagen, denn Halt machen konnten sie so gut wie nie, da die Front immer näher rückte und über ihren Köpfen schon die russischen Flieger kreisten.

Eines Tages, wurde weiter vorn ein Teil ihres Trecks aus der Luft beschossen. Die Flieger zogen tief über den Treck hinweg und eröffneten einfach wahllos das Feuer. Pferde, Menschen und Wagen, alles wurde von Kugeln durchsiebt und die Menge stob entsetzt auseinander.

Es war dieser Anblick, der den Tischler dazu veranlasste, sich seine Frau und den Jungen zu schnappen und mit einigen anderen auf eine Seitenstraße abzubiegen. Ohne irgendeine Ahnung, wo sie sich gerade befanden, schlugen sie sich einfach auf einer unbefestigten Straße in den Wald hinein, in der Hoffnung, dass sie dort irgendwas finden würden. Der Tischler war sich sicher, dass sie es nicht mehr lange schaffen würden, vor der Front zu fliehen, denn trotz heftiger Kämpfe bewegten sich die feindlichen Soldaten immer schneller und drohten, die Flüchtlinge endgültig einzuholen. Es war daher sicherlich klüger, einfach irgendwo im Wald zu campieren und die kämpfenden Soldaten vorbeiziehen zu lassen.

Auf diese Weise erreichten sie bald darauf Michelsdorf, wo sie Unterschlupf in einem Bauernhaus fanden. Abgekämpft und müde, sanken die Menschen auf den Boden. Die Pferde wurden in den Stall gebracht und viele der Flüchtlinge schliefen genau dort ein, wo sie sich gerade hingesetzt hatten. Bald würde der Russe hier sein, aber bis dahin wollte man kurz verschnaufen. Der Hof war quadratisch angelegt, an drei Seiten standen Gebäude und die vierte offene Seite zeigte direkt auf die Straße hinaus. Nicht mehr lange, dann würde dort ein Panzer stehen und die Flüchtlinge einschüchtern. Doch noch konnten sie sich ein wenig entspannen.

Sie suchten Essen, teilten die Zimmer auf und versorgten ihre blutenden Füße, soweit es möglich war. Für ein paar Tage könnten sie sich ein wenig erholen und man war froh und dankbar dafür, dass die Flucht erst einmal zu Ende war. Sie hatten ausnahmsweise sogar einmal Glück, denn die kämpfenden Truppen zogen tatsächlich an beiden Seiten an ihnen vorbei, aber direkt durch Michelsdorf kam niemand. Erst als eines Morgens ein Panzer auf dem Hof auftauchte, wussten sie, dass es jetzt so weit war. Die Front war auch für sie real geworden und sie waren fast nebenbei in Gefangenschaft geraten und nun den Russen auf Gedeih und Verderb ausgeliefert.

Bereits am ersten Tag wurde einer der Flüchtlinge erschossen, als er aus dem Haus trat, um in der Scheune sein Pferd zu versorgen. Er ging gerade über den Hof, als einer der russischen Soldaten das Gewehr hob, „Stoi" (Halt!) rief und kurz darauf einfach feuerte. Die Kugel traf den Flüchtling in den Rücken und dieser war sofort tot. Spätestens das machte allen klar, wie es von nun an laufen würde. Von da an wagte es niemand mehr, einen Befehl zu missachten oder ungefragt das Haus zu verlassen.

Doch auch die Russen wollten scheinbar erst mal zur Ruhe kommen, und so bildete sich eine merkwürdige Art der Symbiose, bei der es den Deutschen zwar erlaubt war, sich relativ frei auf dem Hof zu bewegen, es aber gleichzeitig auch immer wieder zu Vergewaltigungen und Schlägen kam.

Werner stieg irgendwann vom Wagen und ging in die Scheune, wo er die Kuhlen im Korn sah, wo man die Frauen abgelegt hatte, damit man ihre Beine für einen ungehinderten Zugang in der richtigen Höhe spreizen konnte. Es war ein offenes Geheimnis, was dort auf dem Dachboden geschah, denn man hörte unten noch die Schreie der Frauen. Die Frauen, egal welchen Alters, lebten fortan also in ständiger Angst, die Nächste zu sein, die geholt wurde. Denn scheinbar jeden Tag und auch nachts verschwand eine Frau, und wenn Werner mit den anderen in einem Raum lag, kam es manchmal vor, dass er wach wurde, weil einer der Russen über ihn hinwegstieg.

Es gab nicht viel Platz in dem Zimmer, in dem man sie nachts einsperrte. Die Menschen lagen dicht gedrängt aneinander, und Werner musste die Arme eng an sich ziehen, damit die Russen über ihn steigen konnten. Er hatte allerdings keine Angst, denn er wusste ja, dass sie ihn nicht wollten. Es waren die Frauen, denen man mit der Taschenlampe ins Gesicht leuchtete, um sich eine auszusuchen.

Wie in der Auslage eines Kaufhauses lagen sie da und wurden ausgiebig inspiziert. Die Erste war zu alt, die Zweite zu hässlich. Diese da hatte man schon gehabt, die andere roch schlecht. Man suchte sich in aller Ruhe eine aus, die man gern ausprobieren wollte und schleppte sie dann im Dunkeln aus dem Haus.

*Als Kind wusste ich natürlich, was denen passierte. Ich wusste nur nicht, warum, also musste ich mal gucken gehen, was die da machten. Die nahmen sich die Frauen immer, dann zerrten sie sie die Treppen rauf ins Obergeschoss, wo also ein Dachboden sein musste. Da wollte ich mal gucken gehen. Habe ich also gemacht. Ich bin hoch und habe geguckt, was da los war. Da war die Kornkammer, da waren Felder aus Brettern, ungefähr einen halben Meter hoch, wo der Roggen drin war, in anderen war der Weizen oder die Gerste drin. Da die Felder voller Getreide waren, konnte man die Frauen einfach mit dem Rücken ins Getreide legen, die Beine an den Seiten drüberlegen und dann konnte man an die Frau ran. Man sah später die Kuhle, wo sie mit dem Po gelegen hatten. Das alles habe ich gewusst. Ich weiß nicht woher, aber ich habe es gewusst. Das war alles* nicht so einfach, denn wenn du geschlafen hast, dann lagst du ja auf der bloßen Erde. Du hattest nicht einmal eine Matratze unter dir, höchstens mal eine Decke. Und oben drüber auch nur eine dünne Decke, und das mitten im Winter. Jetzt wollten die Russen aber die Frauen haben. Also sind sie über uns drüber gelaufen und haben jeder Frau ins Gesicht geleuchtet. „Du bist mir zu alt ... da gibt's bestimmt noch was Besseres ... ach, du bist ja ein Junge", und dann hast du einen Stiefel in die Seite gekriegt, weil der Soldat stand ja mit dem Fuß zwischen den Leuten und schaute sich die nächste Frau an. Wenn du das wochenlang mitgemacht hast, kriegst du irgendwann ein Gespür dafür.

Ich selbst habe aber nie Angst gehabt, denn von mir wollten sie ja nichts. Die wollten nur über mich drübersteigen und sich irgendeine Frau holen. Die haben sich natürlich gewehrt dabei, und haben geschimpft und geflucht, aber irgendwann mussten sie ja doch mit.

Jedenfalls ist keiner zu der Frau auf den Fußboden gekommen und hat ihr dort was getan. Die haben sie immer nur mitgenommen. Dann ging es nach oben in die Kornkammer zu den Fächern. Aber irgendwann haben die sich das wohl anders überlegt und eine Frau mit in die Scheune genommen und dann gehörte sie denen. Da konnten sie die Frau behalten, Tag und Nacht, manchmal eine ganze Woche lang, und jeder von den Soldaten konnte mal mit der Frau in die Scheune gehen und sie vergewaltigen. Nach einer Woche hieß es dann „Jetzt reicht's uns", dann hat man sie wieder rausgelassen und die Frau ist zurück zu uns ins Haus gekommen.

- Werner Leuschner

Davon einmal abgesehen war es friedlich und die Russen gingen wie selbstverständlich im Haus ein und aus. Niemand wurde verletzt, wozu die Losung „Für jeden jetzt noch fallenden Russen werden fünf Deutsche hingerichtet" bestimmt beitrug. Die Flüchtlinge erledigten die täglichen Arbeiten, während die Russen auf dem Hof saßen, Zigaretten rauchten und Wache hielten. Der Panzer war wie eine ständige stille Drohung und niemand wagte sich ohne triftigen Grund in dessen Nähe. Das Leben hatte sich schon beinahe wieder normalisiert, als der undenkbare Fall eintrat … der Tod eines Russen. Niemand wusste genau, wie er gestorben war, aber die Aufregung unter den Soldaten machte deutlich, dass sie es ernst mit ihrer Drohung gemeint hatten.

*„Wir müssen Geiseln haben, wenn Russen fallen", hieß es. Das bedeutete für jeden toten Russen müssten fünf Deutsche umgebracht werden. Und jetzt waren die Russen schon da, wir lebten mit ihnen zusammen und alles war friedlich. Sie kamen sogar ins Haus zu uns.*

*Der Panzer stand mitten auf dem Hof, und ich saß mit dem alten Wiersna dem Tischler dort. Ich war ja seine Sicherheit, deshalb war ich immer bei ihm. Jeden Schritt habe ich mit ihm gemacht. Die Toilette war irgendwo auf dem Hof, hinter der Scheune. Nur so ein kleines Bretterding, da musste ich immer mitgehen und ihn an der Hand halten, so nach dem Motto „Wenn ich ein Kind bei mir habe, dann tut mir auch keiner was." Ich war sein Schutzschild, so habe ich das erlebt.*

*In der Küche, wir waren ja nun mal dreißig Leute im Haus, und die Besitzer lebten auch dort, da muss ja einer am Ofen sitzen und diesen immer anheizen. Also saß der alte Wiersna immer am Ofen in der Küche, und wer saß daneben? Natürlich ich! Ich musste ja immer* bei ihm sein. Jetzt brauchten die Russen plötzlich Geiseln, und da haben sie sich die Männer aus dem Haus geholt. Da war so ein runder Ring draußen, das war ein Brunnen, wo man früher mit einem Schwengel das Wasser gepumpt hatte, was man für die Küche brauchte, und da standen drei der Geiseln.

Ich saß mit dem alten Wiersna in der Küche und er sagte zu mir: „Steh auf und geh mal gucken." Ich bin hingegangen, und habe ihm gesagt: „Ja, da stehen drei Flüchtlinge, die so und so." Ich kannte ja mittlerweile jeden mit Namen und war mit allen per Du.

Die Drei standen da und ein Russe hatte sich vor ihnen aufgebaut und immer wieder seinen Pistolenlauf in den Gürtel geschoben. „Na, dann wird da ja bald was los sein."

Und da kommt plötzlich der Russe zur Tür rein und zeigte zu dem Tischler. „Komm mit!" Wiersna wusste natürlich sofort, was da los ist. Er stand auf, aber ich blieb sitzen, und der Russe, der ließ ihn nicht an sich vorbeigehen, sondern drehte sich einfach um und ging nach draußen, wo die anderen schon standen. Ich dachte, er hat ihm ja gesagt „Komm", dann wird er wohl auch kommen. Er ging also zur Haustür, und der alte Wiersna folgte ihm.

Im Flur angekommen, war rechts ein Geländer, weil dort eine Treppe zum Keller runterführte, und der Wiersna konnte gut Theater spielen. Er hat den Kranken und Hilflosen gespielt. Er brach am Treppengeländer zusammen, ging auf den Boden runter, den Arm über das Geländer und schaute zu dem Russen. Dieser drehte sich um, schaute erst ihn an und dann auf einmal nach links, wo der Weg zur Toilette war. Ein Mann kam daher, und der Russe sagte zum Wiersna: „Nitschewo." Ich *wusste nicht, was das hieß, aber es war wohl sowas wie „dann nehm ich eben den." Der andere Mann hatte Stiefel an und war sehr gut gekleidet.*

*So hat sich der alte Wiersna selbst das Leben gerettet. Ist im richtigen Moment zusammengebrochen und dann war plötzlich der andere da. Das werde ich nie vergessen, wie ich mit dem Wiersna am Ofen saß und dann zu erleben, wie dieser rausging und den Zusammenbruch spielte. Als alter Soldat, weiß man offenbar, was man zu tun hat. So hat er sein Leben retten können.*

*- Werner Leuschner*

So geschah es, dass doch noch Deutsche auf dem Hof erschossen wurden. Man trieb sie mit den Gewehrkolben hinter einen kleinen Hügel, damit man sich die spätere Arbeit der Leichenentsorgung sparen konnte, und richtete sie dort hin. Vereinzelte Gewehrschüsse waren bald darauf zu hören, dann nur noch Stille, die von dem lauten Wehklagen der zurückgebliebenen Frauen durchbrochen wurde.

Als die russischen Soldaten wiederauftauchten, fehlte von den gefangenen Männern jegliche Spur. Nur ein Paar Stiefel, die ein Deutscher getragen hatte, hingen zusammengeknotet über den Schultern eines Russen. Später erlaubte man den Frauen, ihre Männer noch einmal zu sehen. Einzeln gingen sie hinter den Hügel, um sich zu verabschieden. Doch nach den Erfahrungen der letzten Wochen wollte keine der Frauen allein irgendwo hingehen, und so nahmen sie kurzerhand Werner an die Hand und gingen mit ihm als Schutzschild vorbei an den feindlichen Soldaten, um die Leichen ihrer Männer zu sehen. Warum sollte man seinem eigenen Kind so einen Anblick antun, wenn es da doch diesen Jungen gab, der sowieso zu niemandem gehörte?

*Ich habe die Toten gesehen, denn die Frauen haben ja immer mich mitgenommen, um die toten Männer zu verabschieden. Die haben nie ein anderes Kind mitgenommen. Die wussten, dass ihre Männer tot waren, man hatte die Schüsse ja gehört und die waren danach ja auch nicht mehr wiedergekommen. Die Russen tranken Wodka, also waren die tot.*

*„Jetzt möchte ich zu meinem Mann", haben sie gesagt. Die haben ihre Kinder dort gelassen und stattdessen mich mitgenommen. Dann musste ich zu dem ersten Toten. Da habe ich gesehen, dass sie ihm den Schädel eingeschlagen haben, weil der eine Hitlerbriefmarke auf einem Brief hatte. Als das erledigt war, ging's wieder zurück. Dann nahm mich die zweite Frau an die Hand, ich musste wieder an den Russen vorbei, die an den Panzern standen, und den nächsten Toten mit einem Kopfschuss sehen.*

*Anschließend ging es wieder zurück und ich wurde von der dritten Frau an die Hand genommen, und so musste ich mit jeder einzelnen Frau über die Böschung gehen, denn auf der anderen Seite waren ihre Männer erschossen worden. Aber nicht alle nebeneinander, von wegen in einer Reihe hinstellen. Jeder Russe hatte sich einen Mann allein vorgenommen und war mit ihm immer zehn Meter weiter gegangen.*

*- Werner Leuschner*

Erst nachdem Werner mit allen fünf Frauen bei ihren toten Männern gewesen war, durfte er wieder ins Haus gehen, wo man bereits Wodka ausschenkte damit die

Soldaten die erfolgreichen Hinrichtungen feiern konnten. Was dann folgte, war das Grausamste, was man sich nur vorstellen konnte.

*„Ihr habt das gemacht, ihr habt eure Pflicht erfüllt, dafür gibt's Wodka!" Also haben sie Wodka getrunken und waren kurz darauf besoffen. Dann fingen sie an, im Haus zu randalieren und sind irgendwann in die Speisekammer gegangen. Wir hatten auf dem Hof Kühe, Kälber und noch einiges mehr, und wenn so viele Menschen im Haus sind, muss man ja auch schlachten. Eine Kühltruhe gab's nicht, also musste für den täglichen Verbrauch alles da sein. Die Tiere konntest du auch, wenn du selbst keine hattest, aus dem Wald holen. Die liefen da frei rum. Keiner der flüchtete, konnte seine Tiere mitnehmen, man konnte sie aber auch nicht einfach im Stall stehen lassen, also hat man sie der Natur überlassen und das Scheunentor aufgelassen, damit sie noch ans Heu kamen.*

*Mit besoffenem Kopf haben die Russen dann auf einmal verrückt gespielt. Sie sind in die Speisekammer reingegangen, und das, was sie in der Hand hatten, haben sie an die Decke geschmissen. Die Frauen im Zimmer brachen natürlich in Panik aus, als es über ihnen plötzlich klirrte und krachte, während sie in einem Scherbenregen saßen. Sie sind aus dem Haus geflüchtet und in den Wald reingerannt. Da stand eine Jagdhütte, so ein Holzhaus, da sind sie hin geflüchtet.*

*Ich war nicht dabei, weil ich im hintersten Zimmer des Hauses mit einer Frau auf der Erde lag. Die hatte eine kleine Tochter in meinem Alter,  und die Frau war ja auch allein mit dem Kind. Wir haben nur das Geschrei draußen gehört, und sind dringeblieben, denn wenn die* nämlich weglaufen wollten, würden die Russen sie ja aufhalten. Die Russen haben ihre Gewehre genommen und sie zurückgedrängt, aber sie sind trotzdem weitergerannt und haben die anderen erreicht. Das Geschrei haben wir gehört, und dann haben wir gedacht, da ist ja was los, und sind auch raus.

Der Russe stand vor der Haustür, den haben wir umgestoßen, weil der die ganze Tür einnahm, und wir wollten ja raus. Wir waren die letzten Menschen im Haus, deshalb hat die Frau ihn einfach zurückgestoßen und er ist die Stufen runtergestolpert und hat immer wieder „Stoi! Stoi!" geschrien, aber die Frau wollte nur nichts wie weg. Also sind wir um die Hausecke rum, an der Toilette vorbei, die hinter der Scheune stand, und auf die Wiese, aber da hat uns der Russe eingeholt und sie ist mit den beiden Kindern auf die Knie gefallen, nach dem Motto „Dann schieß doch." Das Mädchen hatte sie auf der rechten Seite, ich saß auf der linken Seite. Im Kopf hörte ich die ganze Zeit ganz bewusst: „Jetzt kriegst du die Strafe dafür, dass du den Zug verpasst hast. Jetzt wirst du auch erschossen … jetzt kriegst du die Strafe dafür!"

Es war ganz komisch dieses Gefühl. Ich dachte: Jetzt trifft er mich gleich und das tut doch bestimmt weh. Aber ich sah einfach nur nach rechts, wo die Sonne gerade hinter den Bäumen verschwand, und hatte nur diesen einen Gedanken, dass das alles nur meine eigene Schuld war.

Der Russe stand vor uns, lud das Gewehr durch und dachte sich wohl „Jetzt hab ich euch, jetzt kann ich euch endlich umlegen." Währenddessen sahen wir immer noch andere Leute rumrennen, die Wiese war ja direkt dahinter. Da hatten sich die Russen an die Böschung *gestellt, vor die Sträucher, und haben immer wieder in die Luft geschossen. Man sah das Mündungsfeuer, bei jedem Schuss blitzte es auf. Man sieht es, wenn sie schießen. Überall haben sie rumgeballert, haben aber keinen erschossen, sondern nur Schreckschüsse abgegeben. Die Deutschen sind bis zu dem Haus im Wald gerannt, das war so eine Jägerhütte oder etwas in der Art, nicht sehr groß, aber ganz aus dunklem Holz.*

*Na ja, und da hat der Russe uns wieder laufen lassen. Der hat irgendwie ein Zeichen gegeben, was wohl bedeuten sollte „Ach komm, macht doch was ihr wollt", und dann sind wir auch zu der Hütte hingelaufen und reingegangen. Anschließend wurde die Tür zugemacht. Die Russen standen draußen und sagten: „Na, dann haben wir euch ja jetzt in der Falle, ist doch schön. Ich habe hier Handgranaten, die brauch ich bloß zu nehmen und den Stift rausziehen." Sie redeten die ganze Zeit, drohten uns mit den Handgranaten und drinnen begannen die Leute jetzt zu schreien: „Um Gottes willen, jetzt bringen die uns um, jetzt haben sie uns in der Falle." Also sind wir alle wieder raus. Draußen nahmen uns die Russen dann direkt in Empfang, ließen uns eine Kolonne bilden und brachten uns zurück ins Haus. Und schon waren wir wieder da.*

*- Werner Leuschner*

Die Flüchtlinge hatten kaum Zeit, sich von diesem Schock zu erholen, da brachte man sie kurz darauf einige Dörfer weiter nach Hintereck, wo sie von nun an Zwangsarbeit auf den umliegenden Bauernhöfen leisten mussten. Die Beete und Felder waren ja alle noch da, also konnte man sie auch beackern und abernten. Man trieb die Gefangenen dafür auf dem Hof zusammen, jagte sie mit Drohgebärden auf einen LKW und brachte sie dann weg, ohne ihnen zu sagen, wohin es gehen würde.

Am neuen Standort angekommen, überlegte der Tischler sofort, wie man am besten und schnellsten fliehen könnte, denn dass man eine solche Behandlung nicht weiter ertragen konnte und vermutlich auch nicht mehr lange überleben würde, war allen klar. Die Schrecken aus Michelsdorf waren keineswegs vergessen.

Doch die russischen Soldaten in Hintereck hatten vollkommen unerwartet die Anweisung bekommen, alle deutschen Männer der Gruppe zu verhaften und zu internieren, und so trennte man die erwachsenen Männer schon bald vom Rest der Gruppe. Man brachte sie in ein nahe gelegenes, provisorisches Lager, in dem schon eine ganze Menge anderer Gefangener interniert waren.

*Wie wir dann aus Michelsdorf raus waren und weiter nach Siegersdorf mussten, wurde der alte Wiersna von den Russen verhaftet, zusammen mit all den anderen Männern. Man wusste nicht, wo die landen und was man mit ihnen machen würde. Jetzt war er also weg und wir wollten weiterziehen, von Hintereck nach Siegersdorf, aber Wiersna war ja nicht mehr da und wir konnten auch keine Nachricht hinterlassen. Wir müssen weg, es ging nicht anders. Das war das Schlimme für die Frau Wiersna und uns, dass man die letzten Männer, die wir noch hatten, einfach mitgenommen hatte.*

*- Werner Leuschner*

So plötzlich auf sich allein gestellt, entschlossen sich die Frauen angesichts der schrecklichen Erfahrungen in Michelsdorf dazu, erst einmal sich und die Kinder in Sicherheit zu bringen. Am 20.7. flohen sie deshalb erneut, zwei Tage vor Werners Geburtstag.

Werner, der ja noch im Wachstum war, konnte mittlerweile kaum noch laufen, so eng und abgetragen waren seine Schuhe. Doch kurz vor dem Ortseingang eines Dorfes, entdeckten sie plötzlich ein Paar Schuhe am Fuße des Bahndammes, auf dem sie sich fortbewegten. Jemand schickte Werner hinunter, um sie zu holen. Blitzblank lagen sie, vom Regen saubergewaschen neben einem Schutthaufen.

*Dann ist man auf einmal wieder auf der Flucht und hat keine Schuhe mehr, denn die alten sind zu klein und passen nicht mehr. Da heißt es dann irgendwann plötzlich „Guck mal da unten, da liegen ja Schuhe. Hol sie dir doch!" Na gut, das machst du. Du gehst also runter, und da sind auf einmal die Unterschenkel von einem Mann, und der hat die Schuhe noch an. Der war schon lange tot, aber die Schuhe hatte er noch an den Füßen und von der Straße aus konnte man das nicht sehen. Man sah den Rest von den Hosenbeinen und die Beine nicht, denn es ist ja schon dunkel geworden. Aber die Schuhe hat man halt noch gesehen, die lagen flach da und waren vom Regen saubergewaschen worden. Ich hab die Schuhe natürlich nicht genommen. Aber ich hab den Fuß und das Bein hochgehalten und denen oben gezeigt. „Soll ich das auch mitnehmen?"*

*„Komm, komm schnell wieder hoch", haben sie gerufen und mich wieder zurückgeholt.*

*-Werner Leuschner*

Kaum waren sie an ihrem Zielort Siegersdorf angekommen, drehte sich die Frau des Tischlers um und ging nach Hintereck zurück, wo ihr Mann sie hatte verlassen müssen. Sie hatte kein Essen, keine Decke, sie ließ einfach alles stehen und liegen und marschierte los, denn es gab ja noch die schwache Hoffnung, dass man ihren Mann wieder freilassen würde, und wo hätte er dann hingehen sollen, wenn nicht an die Stelle zurück, wo sie ihn weggeholt hatten? Vielleicht gab es ja irgendein Zeichen an den Bäumen oder den Häusern, das darauf hinwies, wohin er von dort aus gegangen war. Vielleicht konnte sie ja auch selbst eine Nachricht für ihn hinterlassen! Doch all diese Überlegungen lösten sich in Nichts auf, als sie ihren Mann tatsächlich fand. Dünner als zuvor und unfassbar gehetzt, aber immerhin noch am Leben. Die Geschichte, die er ihr erzählte, war atemberaubend.

*Der ist nicht entlassen worden. Den hatten sie nach Żagań verschleppt in ein riesengroßes Gefangenenlager. Doch dann kam irgendwann die Zeit, in der man nicht mehr wusste, wie man all die Leute noch behalten konnte. Also dachte man sich „Die ganz Kranken, die lassen wir wieder auf die Straße, die müssen ja nicht bei uns sterben, und die ganz Alten, die können wir ja auch gleich mit entlassen." Der Wiersna sah in dem Lager also immerzu, wie sie alle antraten und ihre Anweisungen bekamen. Daraufhin hat er sich ganz still und leise von seiner Truppe gelöst, hat geguckt, ob er beobachtet wird und ist dann rüber gelaufen zu den anderen Männern. Denn die hat man freigelassen. Er hat sich also die Freiheit erkämpft, indem er den Mut aufgebracht hat, seine Truppe zu verlassen und sich zu den anderen zu stellen, bei denen es hieß „So, ihr könnt jetzt gehen."*
*- Werner Leuschner*

Und Mut brauchte es tatsächlich dafür, denn wäre er dabei gesehen worden, hätte man ihn auf der Stelle erschossen. Der Ton in diesen Lagern war rau und ein

Menschenleben war in diesen Tagen nicht mehr viel wert. Das Lager konnte bis zu zehntausend Insassen fassen und war zu trauriger Berühmtheit gelangt, weil man 1944 achtzig alliierte Gefangene bei einem Fluchtversuch erwischt und mehr als die Hälfte von ihnen auf Hitlers direkten Befehl hin hingerichtet hatte. Jetzt, nach dem Ende des Zweiten Weltkrieges, waren die Rollen plötzlich vertauscht. Nun waren es die Deutschen, die Fluchtversuche unternahmen, und riskierten, hart dafür bestraft zu werden.

Stundenlang hatte man den armen und hitlerkritischen Tischler verhört und gefoltert, hatte ihn rücklings auf den Boden gelegt und einen Stuhl daneben gestellt. Zwei Mann hatten ihn festgehalten, während ihm ein Dritter vom Stuhl aus immer wieder auf den Magen gesprungen war. Was sie dadurch von ihm hatten erfahren wollen, wusste der alte Tischler nicht, scheinbar genau so wenig wie seine Peiniger. Die Fragen waren wirr und offensichtlich vollkommen aus der Luft gegriffen.

Im Hintergrund durch das Fenster konnte er sehen, wie immer wieder deutsche Gefangene schreiend aus dem zweiten Stock fielen, weil man sie im Rahmen ihres Verhörs aus dem oberhalb liegenden Fenster geworfen hatte, unten aufsammelte, wieder hochbrachte und sie erneut herunterwarf. Doch erst als dem Tischler die Gedärme aus dem After kamen, weil sie dem Druck der Stiefel einfach nicht mehr standhalten konnten, ließ man endlich von ihm ab und sperrte ihn zu den anderen. Jetzt waren sie sich wirklich sicher, dass er nichts wusste. Doch all das hatte der alte Wiersna hinter sich gelassen, als er sich eines Tages auf dem großen Paradeplatz unauffällig und unter Lebensgefahr in die Gruppe der Alten und Kranken einreihte, um mit ihnen durch das Tor hinauszumarschieren. Erschöpft und halb tot schleppte er sich zurück an den Ort, an dem man ihn verhaftet hatte. Wo sonst hätte er auch hingehen sollen? Dort harrte er aus, versuchte, sich zu erholen und überlegte, wie er anschließend weiter vorgehen sollte … so lange, bis plötzlich seine Frau vor ihm stand.

Sie plünderten, was noch da war, und machten sich dann schnellstmöglich auf den Weg nach Siegersdorf, wo Werner und die anderen bereits ungeduldig auf sie warteten.

## Siegersdorf

In Siegersdorf angekommen, quartierten sie sich alle zusammen in einer leer stehenden Tischlerei ein, und schon bald hatte der findige Tischler sich so weit erholt, dass er seine Tätigkeit wieder aufnehmen konnte.

*Der Wiersna war wieder da, den hatten wir zu uns geholt. Es gab da eine Tischlerei, da hatte man alles. Aber was konnten wir zu dieser Zeit machen? Hier stirbt einer, da stirbt einer … da haben wir eben Särge gemacht. Aus ein paar Brettern haben wir die Unterteile, also eine Kiste gemacht, und da kamen dann die Leichen rein. Für den Schuster musste ich immer Holznägel machen, weil die Leute, die noch dort lebten, die mussten ja auch mal was reparieren lassen, und da hab ich eben Holznägel für ihn gemacht.*

*- Werner Leuschner*

Werner stand am Fenster und konnte draußen die anderen Kinder spielen sehen. Nicht nur die Kinder des Ortes, auch die Flüchtlinge tobten und tollten draußen umher, während er immer dazu angehalten wurde, noch ein wenig schneller zu arbeiten. Denn für tausend Holz-nägel erhielt er beim örtlichen Schuster ein Kilogramm Körner, mit denen er die Familie unterstützen konnte. Das war zwar nicht unbedingt viel, aber sie nahmen, was sie kriegen konnten. Doch nicht nur auf diese Wei-se half Werner mit.

Keiner wusste so genau wieso, aber irgendwann war er so eine Art Glücksbringer für die in dem Dorf statio-nierten russischen Soldaten geworden, und häufig stan-den sie morgens mit ihren Pferden vor dem Haus, um ihn abzuholen. Ein Anblick, der den alten Tischler ver-ständlicherweise immer wieder in Panik versetzte. Doch die Soldaten ließen ihn in Ruhe, es war Werner, den sie wollten.

Sie setzten den Jungen auf ein Pferd ohne Sattel, drückten ihm eine russische Offiziersmütze auf den Kopf und ritten dann mit ihm zusammen auf die Felder, um dort die deutschen Gefangenen bei der Ernte zu beobachten. Es tat Werner weh, auf diesem riesigen Pferd zu reiten, und seine Oberschenkel waren schon bald grün und blau, doch es war wirklich nicht die rich-tige Zeit für eine deutsche Halbwaise, einer Gruppe von russischen Soldaten zu widersprechen. Manchmal ging das Pferd einfach mit Werner durch und galoppierte davon, dann lachten die Russen ausgelassen, während Werner sich verzweifelt an der Mähne festklammerte und versuchte, nicht unter die Hufe zu geraten. Es war ein merkwürdiger Anblick; ein Pferd mit einem wild auf und ab hüpfenden Kind auf dem Rücken, gefolgt von einer Horde grölender und feixender Soldaten.

Zur Belohnung setzten sie ihn bei ihren hin und wie-der stattfindenden Festen an das Kopfende des Tisches und taten so, als sei er ihr Anführer. Die feinsten Spei-sen wurden ihm dann vorgesetzt und während ihm die viel zu große Mütze immer wieder über die Augen rutschte, sangen die Russen fröhlich ihre Lieder und feierten das Leben.

Werner, der schon immer ein gewitzter kleiner Kerl gewesen war, tat bei diesen Festen so, als würde er für sein Leben gern rauchen. Deshalb bekam der Neunjährige von den russischen Soldaten immer wieder Zigaretten und Zigarren in den Mund gesteckt und angezündet. Sobald die Soldaten nicht mehr hinsahen, drückte er schnell die Glut aus und ließ die Stummel in seine Tasche gleiten. Auf diese Weise konnte er dem alten Tischler abends oft eine ganze Handvoll Tabak mit nach Hause bringen.

Diese Bevorzugung durch die Russen sprach sich natürlich sehr schnell im Dorf herum und auch die anderen Kinder versuchten daraufhin ihr Glück. Es könnte ja sein, dass die Kompanie auch noch andere Kinder *adoptierte*. Doch die Russen trieben ihnen diese Gedanken schnell wieder aus, indem sie mit Steinen nach ihnen warfen und sie vom Hof jagten. Nur Werner durfte bleiben und so entwickelten die anderen Kinder irgendwann einen Hass auf ihn.

Bald schon konnte Werner sich nirgendwo im Dorf mehr sehen lassen, ohne dass er eine Tracht Prügel von den anderen Kindern bekam. Er schlich sich hinter Büschen entlang und durch Gärten, und versuchte unsichtbar für die anderen Kinder in seinem Alter zu bleiben, die ihn trotzdem mehr als einmal durch das Dorf jagten und mit Steinen nach ihm warfen, wie es zuvor die Russen bei ihnen getan hatten und ihn sogar ausraubten, wenn sie ihn erwischten.

Sicher war Werner nur, wenn er bei seinen neuen russischen *Freunden* oder mit Wiersna unterwegs war, den er mittlerweile seinen Onkel nannte. Zusammen hatten sie eine Fabrik entdeckt, in der Leinsamen verarbeitet worden war und der Tischler besaß genug Fachwissen, um zu erkennen, dass sie hier eine fantastische Nahrungsquelle aufgetan hatten. Also schmuggelten sie die Samen unauffällig aus der leer stehenden Fabrik, sorgten dafür, dass niemand sonst etwas davon erfuhr, und verarbeiteten die Leinsamen zu Hause mithilfe einer Kaffeemühle zu Grütze. Morgens, mittags, abends, gab es fortan nur noch Leinsamensuppe. Wirklich satt wurde man davon zwar nicht, aber dennoch ging es ihnen um ein Vielfaches besser als den vielen anderen Flüchtlingen der Umgebung, die mühsam die verlassenen Bauernhöfe und Häuser nach Essensresten durchsuchen mussten, die andere Flüchtlinge vor ihnen bei ihrer Suche vielleicht übersehen hatten.

Immer mehr Flüchtlinge kamen in das Dorf und schon bald gab es auch hier wieder die ersten Todesfälle. Die Menschen schienen so sehr auf ihre Flucht konzentriert zu sein, dass sie sich die wirklich wichtigen Fragen gar nicht stellten. Sie funktionierten nur noch wie Maschinen, einfach immer weiter westwärts war die Devise. Schritt für Schritt, Meter für Meter. Immer nur einen Fuß vor den anderen setzen.

Erst nachdem sie im Dorf versorgt worden waren und man ihnen erklärte, dass sie hier vorläufig in Sicherheit waren, schienen sie wieder zu erwachen. Erst da realisierten sie offensichtlich, was sie alles hinter sich gebracht hatten, dass sie keinen Ort mehr hatten, wo sie noch hingehen konnten, und dass es vielleicht am einfachsten wäre, sich einen Strick zu nehmen.

Wie so oft waren es die Kinder, die die Erhängten am nächsten Morgen im Schuppen neben dem Haus fanden. Doch Mitleid spürte man keines mehr. Es waren alles Fremde und bei all dem, was sie schon erlebt hatten, konnten sie einfach nicht mehr weinen. Ein Toter mehr oder weniger, was machte das schon für einen Unterschied?

Jetzt sind überall Flüchtlinge unterwegs. Ständig kommen irgendwelche Menschen an, die noch weiter wollen, aber erst mal eine Pause brauchen. „Na, dann kommen sie doch rein." Dann wurden sie aufgenommen, und essen mussten sie natürlich auch. Irgendwie hat man denen trotzdem geholfen, auch wenn wir selbst nicht viel hatten.

Das war noch vor der Zeit, als wir die Leinsamen entdeckt hatten. Wir mussten uns von den Bauernhöfen alles zusammenplündern. Ich habe es mindestens drei Mal erlebt, dass diese Leute, egal ob das Männer oder Frauen waren, irgendwann nach nebenan in den Schuppen gingen und am nächsten Morgen hingen sie dann da. Haben sich einfach aufgehängt. Sich aufgehängt, obwohl sie gar nicht verhungert ausgesehen haben. Denen muss es ja schrecklich gegangen sein bei uns im Haus. Wir müssen die wohl erbärmlich behandelt haben. Aber daran habe ich keine Erinnerung mehr, nur daran, dass die da hingen. Und wer ging zuerst hin? Natürlich wir Kinder. Wir sahen die dann immer dort hängen. Dann hieß es nur: „Runter damit", und ab zur nächsten Sammelstelle, wo man sie dann beerdigt hat. Das habe ich einige Male erlebt. Gutaussehende Frauen, toll angezogen mit schicken Kleidern ... die hatten doch alles ... und dann hingen sie plötzlich zwanzig Meter weiter. Brauchten bloß in den Schuppen reingehen, sich hinhängen und dann waren sie weg.

Die hat keiner bedauert oder gesagt: „Was haben wir mit denen bloß gemacht, dass die so was getan haben?" Keiner hat sich Vorwürfe gemacht oder gesagt: „Vielleicht hätte man ein bisschen freundlicher zu ihnen sein müssen." Nichts. Ich habe so etwas niemals gehört. In diesen Zeiten gab es keine Gefühle und keine Gnade *mehr. Es gab nur das Überleben und wir mussten uns verteidigen. Das muss wohl bei den Leuten rübergekommen sein.*

*Was die schon hinter sich hatten, das wissen wir ja auch nicht. Der Krieg war da ja schon sechs oder sieben Monate zu Ende, und die waren immer noch auf der Flucht, zu Fuß und allein. Da hatten sie wohl eine innere Grenze erreicht, als sie zu uns kamen.*

*- Werner Leuschner*

Erst als ein großer Treck Flüchtlinge eintraf, wurde man wieder daran erinnert, was und wo man war. Bisher waren nur hin und wieder mal einzelne Menschen aufgetaucht, manchmal auch kleine Grüppchen, aber erst als mehrere LKW voller Menschen in der Nähe der Leinsamenfabrik auftauchten, wurde der Tischler hellhörig. Werner hatte sich mit ein paar Menschen aus einem der LKW unterhalten und sie hatten ihm erzählt, dass sie alle Breslauer waren, die aus der Stadt vertrieben worden waren, da diese jetzt offiziell zu Polen gehörte. Auch wenn der Krieg vorbei war, waren die Deutschen dort nach wie vor verhasst und unerwünscht und deshalb vertrieb man sie jetzt systematisch und endgültig aus der Stadt. Breslau sollte rein polnisch werden.

Werner lief daraufhin zurück in die eigene Unterkunft, um dem Tischler von dem eben Gehörten zu erzählen. Er dachte nicht einmal daran, einem der vertriebenen Breslauer seinen Namen zu sagen, sodass dieser vielleicht seine Mutter hätte ausfindig machen und sie über den Verbleib ihres Sohnes aufklären können. Er lief einfach nur zurück und erzählte dem Tischler keuchend seine Geschichte. Doch als der Tischler am nächsten Tag mit Werner zu dem Platz zurückkam, war der Treck bereits wieder verschwunden. Nur der plattgetretene Rasen und die Abfälle zeugten noch von seiner Existenz.

Aber der Tischler hätte diese Bestätigung eigentlich gar nicht mehr gebraucht, denn auch in Siegersdorf kamen jetzt immer mehr Polen an und übernahmen nach und nach die Bauernhöfe. Mit Straßenkarten und aufgeschriebenen Adressen kamen sie in das Dorf und fragten sich zu ihren neuen Höfen durch. Sie hatten genaue Anweisungen bekommen, wer auf welchen Hof gehen würde, und jeder hatte sein Kreuz auf einem anderen Teil der Karte gemacht. Deshalb wurde der Wohnraum irgendwann immer knapper. Noch schienen die Flüchtlinge hier sicher zu sein, aber schon bald würde auch ihr Haus unter einem dieser Kreuze liegen, und darauf wollte der alte Tischler nicht warten. Also packten sie eines Tages ihren mannshohen Handwagen und zogen gen Westen. Sie hätten auch den Zug nehmen können, dessen Gleise knapp zwei Kilometer am Dorf vorbeiführten, aber sie wollten nicht noch mehr Habseligkeiten zurücklassen müssen. Mit dem Handwagen würden sie es allerdings nicht auf den Zug schaffen, also liefen sie. Immer in Richtung Westen. Immer nur nach Westen.

Der Tischler hatte den Wagen damals in Pluskau selbst gebaut. Er hatte hohe Seitenwände, leichte Räder und vorne war eine Deichsel zum Lenken befestigt. Allerdings konnte man ihn von vorne nicht ziehen, es musste also jemand hinter den Wagen gehen und ihn schieben. Die Frauen waren zu schwach dafür, der alte Tischler sah sich lieber als Wagenlenker, also blieb nur noch Werner übrig. Dieser stemmte also seinen kleinen Körper gegen das Gefährt und schob es so gut, wie es ein Kind von neun Jahren eben konnte. Das ging den ersten Tag auch noch recht gut, bis sie sich irgendwann des Nachts in einer verwilderten Gartenlaube schlafen legten. Am nächsten Morgen waren Werners Muskeln allerdings so steif, dass er weder die Arme noch die Beine heben konnte. Jede Bewegung bereitete ihm unglaubliche Schmerzen und so waren sie dazu verdammt, einen Tag lang auszusetzen und zu warten, bis es ihm wieder besser ging. Er schämte sich sehr, konnte aber nichts dagegen tun.

Also entschied man sich, schweren Herzens, die wenigen Habseligkeiten doch noch aufzugeben und auf den Zug zu springen. In Decken gehüllt, liefen sie neben dem Zug her und sprangen dann vorne auf den Kohlenwagen. Die Waggons waren alle geschlossen und der Kohlenwagen damit die einzig verbleibende Möglichkeit. Aus dem Schornstein der Lokomotive sprühten Funken und die Lokomotivführer hielten immer mal wieder an, damit die Flüchtlinge von der Kohle herabklettern und ihre Decken in kleinen Bächen und Pfützen nass machen konnten, denn eine trockene Decke hätte leicht Feuer fangen können und das wollte niemand. Der Lokführer musste offenbar ein Herz für Flüchtlinge gehabt haben. Die Fahrt endete schließlich in Görlitz an der Neiße. Dort mussten sie nur noch zusehen, dass sie irgendwie über den Fluss kamen, und dann hätten sie es endlich geschafft.

## Flucht durch Deutschland

Nachdem sie die Neiße mithilfe einer Notbrücke überquert hatten, wandten sie sich sofort nach Norden und marschierten die knapp zwanzig Kilometer nach Kohlfurt, einem größeren Eisenbahnknotenpunkt an der neuen polnischen Grenze. Der Ort hatte nicht einmal dreitausend Einwohner, spielte aber bei der Vertreibung der Deutschen aus Polen eine immens wichtige Rolle, denn von hier aus fuhren Züge in so ziemlich jede Richtung, deshalb hatte man ein großes Sammellager dort errichtet, um die Flüchtlinge, die aus ganz Schlesien kamen, erfassen und geordnet weiterschicken zu können. Wer es bis nach Kohlfurt schaffte, der war aus dem Gröbsten raus.

Im Lager angekommen wurden sie mit den notwendigsten Dingen ausgestattet, denn sie selbst hatten ja kaum noch etwas. Jeder bekam etwas zu Essen, zwei Decken und die Anweisung, sich einen Platz zu suchen, wo er ausharren konnte, bis man weitere Anweisungen hatte. Dort, wo man einen Platz fand, legte man sich auf den nackten Boden, eine der Decken als Matratzenersatz unter sich, die andere obendrauf, um sich notdürftig zudecken zu können.

Es war mittlerweile schon wieder Winter geworden, doch in dem Eisenbahnausbesserungswerk gab es nun mal nichts anderes als den harten, kalten Beton. Aber sie schliefen sowieso wie die Toten, aneinandergereiht in endlosen Reihen. Als Werner am nächsten Morgen erwachte, fror er bitterlich, denn jemand hatte ihm nachts die Decke gestohlen. Es war seine erste Nacht in Sicherheit und doch musste er feststellen, dass sich auch hier immer noch jeder selbst der Nächste war. Tagsüber schlug man irgendwie die Zeit tot, irrte in dem Werk umher, suchte bekannte Gesichter und versuchte einfach nur, sich zu beschäftigen, bis man andere Anweisungen bekam.

Zwei Tage ging das so, bis man den Tischler, Werner und den Rest ihrer Gruppe endlich in einen Viehwaggon steckte und nach Marienfelde brachte. Die Fahrt dauerte quälend lange und sie alle mussten in den engen, dunklen Waggons stehen. Platz zum Sitzen gab es keinen. Ab und zu hielten die Züge an, die Tore wurden geöffnet und die Flüchtlinge durften kurz heraustreten, um schnell ihr Geschäft zu verrichten. Eilig rannten sie in die Wiesen und Wälder, zogen sich die Hosen herunter und liefen dann wieder zurück zu den Waggons. Man brauchte sich keine Sorgen machen, wenn jemand nicht wiederkehrte, denn sie alle waren ja keine Gefangenen mehr und wer auf der Strecke bleiben wollte, der tat es eben.

Aber wer hätte das schon gewollt? Man war schließlich immer noch in der russischen Besatzungszone, und solange es Richtung Westen ging, würde man mitfahren. Also kletterten sie alle wieder brav in die Waggons und ließen sich darin wie Vieh einsperren … wie Vieh, oder wie Monate zuvor noch die Juden, wie manch einer mit spitzer Zunge bemerkte. Doch solche Gedanken tauchten nur hin und wieder mal am Rande auf, denn im Grunde genommen versuchte jeder, hier nur durchzukommen.

In Marienfelde kamen sie schließlich in das nächste Lager und dort war das erste Mal so etwas wie Organisation zu erkennen. Man nahm sich dort jeden einzelnen Flüchtling vor, es wurden Schläuche in die Ärmel und Hosenbeine gesteckt, ein kurzer Luftstoß folgte und schon stand man in einer weißen Pulverwolke. Die Entlausung war eine richtige Wohltat, vor allem für Werner, der in den Wochen und Monaten zuvor jeden Abend die Kleidung der Wiersnas hingeworfen bekommen hatte, damit er mit seinen noch jungen Augen die ganzen Läuse suchen und zerquetschen konnte. Es war ein unmögliches Unterfangen, aber jede Laus weniger zählte. Hier aber wurden sie nun alle eingesprüht, versorgt und man sagte ihnen, wohin sie kommen würden. Über Rheine, wo sie einige Tage in verlassenen Häusern untergebracht worden waren, ging es schließlich nach

Lengerich und dort in die vermutlich ungewöhnlichste Unterkunft ihrer ganzen Flucht.

Hoch und breit ragte die Nervenheilanstalt vor ihnen auf und der düstere Eindruck täuschte nicht. Von hier aus waren vor wenigen Monaten noch Geisteskranke deportiert und in den umliegenden KZs ermordet worden, doch jetzt sollte sie die Zuflucht für unzählige Flüchtlinge sein. Jeder Platz wurde ausgenutzt, nicht einmal die Abstellräume waren frei von Menschen. Überall lagen sie, und Werner bekam nach seiner Registrierung zusammen mit dem alten Tischler und seiner Familie eine der Zellen zugewiesen. Decke, Wände und vor allem der Boden waren gepolstert und wo vor Kurzem noch Patienten eingesperrt worden waren, lag nun Werner auf dem Boden, das erste Mal seit Wochen etwas anderes als Stein oder Erde unter sich.

Als sie nach ihrer Ankunft das erste Mal zur Essensausgabe gingen, traute Werner seinen Augen nicht. Es gab dort tatsächlich Brot. Brot mit Aufschnitt. Wann hatte er das letzte Mal eine einfache Scheibe Brot in den Händen gehalten? Das muss damals in Pluskau gewesen sein, wenn er sich richtig erinnerte. Also vor über einem Jahr. Seitdem hatten sie sich nur von schimmeligen Resten, rohen Feldfrüchten, Leinsamen oder dünner Suppe aus Rindsknochen ernährt, und oft genug hatte es auch einfach gar nichts gegeben. Alles Mögliche hatten sie versucht, um ihren endlosen Hunger zu stillen, und hier stand er plötzlich mit einer Scheibe Brot in den Händen da. Einfach so.

*Dann kriegst du plötzlich eine Brotschnitte in die Hand. Geschmiert und zugeklappt! Ja was ist denn das? Eine richtige Schnitte. Die kannst du nicht bloß so runterschlingen, das geht nicht. Ich musste das Haus verlassen, in die Gärten gehen, mich dort hinsetzen und eine halbe Stunde lang an dieser einen halben Scheibe Brot essen. Die war sogar geschmiert und zugeklappt, da war wirklich was drin. Diese Scheibe Brot werde ich nie im Leben vergessen. Da sitze ich ganz allein in den Gartenanlagen, so schräg am Berg, die Füße nach unten baumelnd, und habe diese Scheibe Brot gegessen. Die Erste, nach so langer Zeit.*

*- Werner Leuschner*

Nur wenige Tage später wurden sie schon wieder verladen, die Prozedur kannten sie ja bereits, dieses Mal aber mit dem Versprechen, endlich an ihr endgültiges Ziel gebracht zu werden. Also schnappten sie sich die Sachen, es ging rauf auf den Wagen, sie mussten ruhig sein, und dann irgendwann wieder runter vom Wagen. Ankommen, herausfinden, wo man jetzt war. Aber die letzten Wochen hatten sie gut darauf vorbereitet.

### Ledde

Als Werner aus dem Wagen stieg und sich neugierig umsah, konnte er zuerst seinen Augen kaum trauen. Ledde war ein kleines Dorf zwischen flachen Bergen. Eine staubige, aber saubere Straße führte mitten hindurch und direkt auf der anderen Seite der Straße gab es einen Bauernhof, vor dem man einen geraden, sauber aufgeschichteten Misthaufen sah.

Merkwürdigerweise war es genau dieser Misthaufen, der ihn nach all den Wochen in den verschiedensten Ecken Deutschlands endgültig davon überzeugte, im Frieden angekommen zu sein. Denn niemand, der in Eile oder auf der Flucht gewesen war, hätte sich die Zeit genommen, so einen Misthaufen aufzutürmen. Ein Ort, wo es solche Misthaufen gab, konnte nur ruhig und friedlich sein. Es war das Frühjahr 1946 und endlich waren sie irgendwo angekommen. Die Bauern des Dorfes verluden sie auf Pferdewagen und brachten sie zu ihren Häusern in der Umgebung, wo man in den Tagen zuvor schon Zimmer für sie requiriert hatte. Wer als Bauer ein leeres Zimmer hatte, bekam Flüchtlinge hineingesetzt, so einfach war das zu dieser Zeit. Doch dass sie nicht willkommen waren, spürten sie beinahe sofort, denn willkürlich wurde immer wieder der Strom in ihrem Zimmer abgestellt und den Brunnen auf dem Hof durften sie auch nicht benutzen. Das Wasser mussten sie von einem weiter entfernten Bach holen, während die Hausbewohner den Brunnen munter nutzten. Schikanen gab es also viele. Aber was nützte es, man musste sich ja doch irgendwie miteinander arrangieren und der alte Wiersna hatte auch dieses Mal wieder Glück.

*Wir sind geblieben, hatten aber bei unserem Bauern keine gute Unterkunft, die mochten uns einfach nicht. Da flogen schnell die Fetzen. Wiersnas Verwandte, wohnten weiter unten, da war auch ein Bauernhof, es gab eine Scheune und Ställe, die waren also gut untergekommen. Eines Tages sind wir mit dem Wiersna dorthin. Der hatte seine Verwandtschaft dort, die hatten sich ihre Zimmer alle ausgebaut und gut eingerichtet. Er ist mit dem Besitzer ins Gespräch gekommen und der sagte: „Du bist doch Tischler, hier fällt öfter mal was an und wir wollen auch noch einen Schuppen bauen, dann brauchst du ja eine Werkstatt. Da ist eine Scheune und hinten in der Scheune ist eine kleine Treppe, da ist die Kornkammer. Ist zwar alles aus Beton, aber vorne zum Haus raus hast du ein Fenster, dann mach dir doch eine Tischlerei draus."*

*- Werner Leuschner*

Der Tischler durfte sich also in der Scheune der Nachbarn eine kleine Tischlerei einrichten und schon bald arbeitete er wieder normal. Nach und nach wurde der Betrieb immer größer, denn der alte Wiersna verstand es, die Scheune im Laufe der Zeit mit den richtigen Maschinen und Werkzeugen zu füllen.

Während also Werner vormittags in die kleine Dorfschule ging und nachmittags die Kühe hütete, wofür er vom Bauern mit Speck bezahlt wurde, den er allerdings zu Hause abliefern musste, baute der alte Wiersna sich schnell wieder etwas auf.

Es hätte alles gut sein können, wenn Werner nur gewusst hätte, was aus seiner Familie geworden war. Denn noch immer hatte er nichts von ihnen gehört. Schon seit zwei Jahren nicht. Der alte Wiersna hatte zwar nach seinem eigenen Sohn suchen lassen, von dem er zuletzt aus Russland etwas gehört hatte, aber was aus Werners Familie geworden war, interessierte ihn nicht sonderlich. Werner war für ihn nur eine billige Arbeitskraft und so wurde er auch behandelt. Selbst als ihn sein Lehrer für ein Theaterstück auf der Freilichtbühne vorschlug, reagierte der alte Tischler kaum. Es brachte schließlich kein Geld ein und würde Werner somit nur vom Arbeiten abhalten. Aber irgendwie schaffte Werner es doch, sich wenigstens diese Freiheit zu erkämpfen.

*Ich bin ja auch nur auf die Bühne gekommen durch meinen Volksschullehrer. Der gehörte eigentlich auf die Bühne in Tecklenburg, und als sie Wilhelm Tell spielten, mussten sie ja einen Sohn haben. Da hat er sich das Rollenbuch genommen, ist in die Schule gekommen und hat zu uns Kindern gesagt: „Jetzt geh mal da den Berg an der Schule hoch, und wenn du oben bist, lies aus dem Buch vor." Das haben ein halbes Dutzend Kinder gemacht, dann war ich dran, und nachdem ich gelesen hatte, sagte er zu mir: „Du kommst heute Nachmittag nach Tecklenburg, da muss ich dich dem Regisseur vorstellen, damit du mitspielen kannst."*

*- Werner Leuschner*

So wurde aus dem kleinen Flüchtlingskind ganz überraschend ein junger, später hochgelobter Schauspieler. Denn obwohl der alte Wiersna ihn eigentlich nicht hatte gehen lassen wollen, hatte Werners Lehrer zum Glück genug Autorität und Einfluss im Dorf, um ihm die Erlaubnis abzuringen, dass Werner eine der Hauptrollen spielen durfte.

Bei jeder einzelnen Vorstellung blickte Werner ins Publikum, ob er dort nicht vielleicht seinen „Onkel" oder dessen Frau erblickte, doch die Wiersnas kamen nie dorthin. Egal wie oft der kleine Werner auch Freikarten mit nach Hause brachte, immer wieder musste er allein kilometerweit zur Bühne laufen, sich umziehen und dann auftreten. Er, der Junge, der noch vor Kurzem vor einem Russen gekniet hatte, um hingerichtet zu werden, stand nun plötzlich jeden Abend vor Hunderten von Menschen auf der hell erleuchteten Bühne und sagte die Zeilen: *„Vater schiess zu, ich fürcht' mich nicht!"*

Doch er fürchtete sich ... und wie er sich fürchtete. Er fürchtete, seine Familie niemals wiederzusehen. Niemals zu erfahren, ob und wie sie gestorben waren. Oder sie einfach niemals wiederzusehen, weil sie längst irgendwo ein neues Leben ohne ihn angefangen hatten.

Jeden Abend nach der Vorstellung in den alten Burgruinen, lief Werner den abschüssigen Weg zwischen den alten Holzhäusern in Tecklenburg hinunter und setzte sich dort auf eine kleine Steintreppe mitten am Weg. Er drehte der Bühne dabei den Rücken zu und saß dann im Halbdunkeln, sodass die Zuschauer einfach unbemerkt an ihm vorbeiliefen.

Frauen gingen mit ihren Männern, Väter mit ihren Söhnen, Freunde mit ihren Freundinnen. Werner saß auf der Treppe, hörte sie reden, lachen und über die Vorstellung sprechen, die sie gerade gesehen hatten. Er hörte sie über sich reden, dem kleinen Werner Leuschner, der wieder alle begeistert hatte, als er mit einem Apfel auf dem Kopf am Rand der Bühne stand, während sein Schauspielvater mit der Armbrust auf ihn zielte.

So vergingen die Wochen und Monate, und Werner fragte sich immer wieder, wie es denn jetzt bloß mit ihm weitergehen sollte. Niemand machte Anstalten ihm zu helfen, er wurde nirgendwo befragt, und niemand wollte wissen, woher er kam, wie seine Mutter hieß oder sonst etwas. Er war einfach nur da, ging zur Schule, arbeitete und spielte auf der Bühne.

Wurde er nach Werner gefragt, antwortete der alte Tischler immer dasselbe: Werner war eine Vollwaise, die er im Krieg aufgelesen hatte und die er jetzt eben mitversorgte. Die Wirren des Krieges waren vorbei, aber nun waren es die Wirren der Nachkriegszeit, und so fiel Werner einfach nicht weiter auf. Deutschland versuchte noch immer, sich wieder aufzurappeln und Ordnung in das Chaos zu bringen. Ganze Städte lagen immer noch in Trümmern und immer wieder erhielten die Menschen überraschend Nachrichten von ihren Lieben. Manche waren lediglich in Gefangenschaft, übers Land verstreut oder lagen verwundet oder verkrüppelt in einem Lazarett. Andere waren tot oder vermisst und man sah sie nie wieder. Es war ein makabres Glücksspiel, bei dem man jederzeit gewinnen oder verlieren konnte. Doch dieses eine Mal sollte Werner Glück haben.

Es war schon Abend, als es an der Tür klopfte und ein ihm unbekanntes Mädchen, etwas älter als er selbst, eintrat, um Werner zu sagen, dass er Besuch hatte. Werner, der kaum jemanden im Dorf kannte, sah die Freude in den Augen des Mädchens, und glaubte sofort zu wissen, was passiert war. Er rannte an ihr vorbei zur Haustür hinaus, und dort stand sie! Im Dunkeln, nur beschienen von dem Licht aus dem Flur des Hauses … seine Mutter! Es war wahrhaftig seine Mutter. Nach fast zwei Jahren ohne Nachricht, ohne dass irgendeiner etwas vom anderen gewusst hatte, lagen sie sich plötzlich und für Werner vollkommen unerwartet in den Armen. Sie weinten, sie lachten, und konnten es beide kaum glauben. Endlich waren Mutter und Kind wieder vereint.

## Rückblende

In den folgenden Tagen verbrachten die beiden jede freie Minute miteinander und Werners Mutter erzählte ihm viel von dem, was sie erlebt hatte.

Nach Werners Abreise hatte sie sich weiterhin um ihre beiden verbliebenen Kinder gekümmert, hatte dann aber, wie fast alle anderen Frauen auch, die Stadt verlassen müssen. So lange es ging, hatte sie auf ihren verlorenen Sohn gewartet und versucht ihn zu kontaktieren, war aber nie zu ihm durchgekommen. Also hatte sie irgendwann eine kleine Ledermappe mit den wenigen Fotos von Werners Vater, einigen wichtigen Dokumenten und Erinnerungsstücken gepackt und war losmarschiert. Sie hatte an unzähligen erfrorenen Müttern mit ihren teilweise noch wimmernden Kindern auf der Brust vorbeigehen müssen, auf dem was später als *Todesmarsch der Breslauer Mütter* in die Geschichtsbücher eingehen sollte. Links und rechts lagen die toten Frauen am Wegesrand, teilweise schon zugeschneit, und man selbst musste mitten durch sie hindurch gehen, wenn man nicht auch so enden wollte.

Als sie schließlich Dresden erreicht hatten, glaubte sie sich erst einmal in Sicherheit, sollte aber schon bald eines Besseren belehrt werden. Denn als die Alliierten am 13. Februar die Stadt angriffen, mit dem schlimmsten Bombardement des Zweiten Weltkriegs, war sie mittendrin.

Das große Haus, in dem sie untergekommen war, hatte einen Volltreffer abbekommen und brannte bereits lichterloh, als sie mit ihrer Tochter an der Hand und der Mappe unter dem Arm die Treppe hinunterlief. Ihre Gastgeber hatten den Treffer nicht überlebt.

Sie rannte panisch durch die Straßen, vorbei an brennenden Häusern, Fahrzeugen und Menschen. Selbst der Asphalt stand hier und da in Flammen, und immer weiter fielen die Bomben um sie herum. Die Hitze in den Häusern ließ die Fensterscheiben implodieren und Werners Mutter sah, wie Menschen durch den Unterdruck wie Papierflieger in die Häuser gesogen wurden, wo sie beinahe auf der Stelle restlos zu Asche verbrannten. Gerade noch waren sie vor ihr hergelaufen, dann waren sie plötzlich weg.

Immer weiter und weiter lief sie, aber es schien einfach, keinen Ausweg aus diesem brennenden Labyrinth zu geben. Also versteckte sie sich und ihre kleine Tochter in einem zerstörten Straßenbahnwagen, um wenigstens das Gefühl von etwas Schutz zu haben. Neben sich sah sie eine Frau, die stundenlang ihr totes Kind tröstete und streichelte und ihm dabei unentwegt zuflüsterte, dass alles bald wieder gut werden würde.

Erst am nächsten Morgen traute sich Werners Mutter wieder heraus und sah dann das ganze Ausmaß der Zerstörungen. Eine öde Wüste aus Beton, Stahl und Leichen umgab sie und sie wusste, dass sie hier nicht mehr bleiben konnten. Also verließen sie auf schnellstem Wege die vollkommen zerstörte Stadt und gingen an den Bahngleisen entlang immer in Richtung Weißkirchlitz, wo Verwandte von ihnen wohnten und wo Kurt, der älteste Sohn, schon auf sie wartete. Er war kurz vor den letzten Angriffen auf Breslau dorthin geschickt worden, um ihn erneut aus der Gefahrenzone bringen zu können.

Hier erlebten sie dann auch das Ende des Krieges und die Befreiung der in Weißkirchlitz internierten Russen, die sie beinahe nicht überlebt hätten. Doch eine gute Tat seines Bruders Kurt sollte sich bezahlt machen und nicht nur Werners Mutter, sondern auch vielen anderen Menschen das Leben retten.

*Die hatten eine Bäckerei, und direkt gegenüber von der Bäckerei war ein hoher Stacheldraht. Dahinter waren die gefangenen Russen. In der Bäckerei ist es nun mal so, dass nicht immer alles verkauft wird, da ist öfter einiges liegen geblieben. Das hat Kurt immer genommen, ist zu dem Stacheldraht gegangen und hat das den Russen zugesteckt. Das haben viele Russen dort mitbekommen. Als der Krieg zu Ende ging, hieß es: „Jetzt nehmen wir Rache." Sie gingen in die Häuser, erschossen die Männer und vergewaltigten die Frauen. Aber dann sagten sie: „Da gegenüber nicht, da wohnt der Bäcker. Von dem haben wir immer unser Brot gekriegt." Also ist das Haus verschont geblieben, bei denen ist nicht geplündert worden … gar nichts. Die Mund zu Mund-Propaganda von den Russen hat sich also bezahlt gemacht. Direkt im Nebenhaus, hat's viele Tote gegeben, und in den anderen Häusern auch. Wie viele da umgebracht worden sind, so nach dem Motto: „Wir haben das alles durch den Stacheldraht sehen müssen, und kein Mensch hat uns geholfen, außer diesem einen*

*Jungen. Jetzt ist der Zaun weg, jetzt können wir raus und nehmen Rache. Aber nicht bei dem Bäcker!"*

*- Werner Leuschner*

Nach dem Ende des Krieges waren Werners Mutter und seine Geschwister dann über Umwege nach Ostfriesland gekommen. Sie hatten so weit weg wie nur möglich von den Russen gewollt, und waren dadurch in der britischen Besatzungszone gelandet.

Sie hatten ein kleines Zimmer auf einem Bauernhof bezogen, das Werners Mutter nun natürlich auch gerne mit Werner geteilt hätte, damit die Familie wieder zusammen sein konnte, und es hätte eigentlich keine weiteren Probleme geben dürfen. Doch der alte Wiersna verbot es ihr geradeheraus und machte geltend, dass er sich so lange um den Jungen gekümmert hatte, dass er jetzt praktisch eine Art Anrecht auf ihn hätte.

Werners Mutter, die genau wusste, wie es momentan finanziell bei ihr aussah, widersprach ihm also kaum, setzte aber wenigstens durch, dass sie Werner für kurze Zeit mitnehmen konnte, damit er seine Geschwister wiedersehen konnte. Also fuhren sie mit dem Zug nach Ostfriesland und dort sah Werner sofort, warum es seiner Mutter so wenig ausgemacht hatte, dem alten Wiersna zu versprechen, ihn bald wieder zurückzubringen.

Es war nur ein kleiner kahler Raum im hintersten Winkel eines alten Bauernhauses. Es gab darin nur ein kleines Oberlicht, das man nicht erreichen konnte und zwei Betten für drei Personen. Es gab keinen Schrank, keinen Tisch, nicht einmal einen Stuhl oder ein Teppich machten das Zimmer irgendwie wohnlich. Ähnlich wie in Ledde waren auch hier die Zimmer zwangsweise zugewiesen worden und die Bauern hatten keine andere Wahl gehabt, als Flüchtlinge aufzunehmen. Aber dass sie es ihnen auch noch bequem oder wohnlich machen sollten, das konnte ja wohl keiner von ihnen verlangen.

So schliefen sie also für einige Tage nachts zu viert in diesem kahlen, kalten Raum nebeneinander und lebten von den Essensmarken, die kaum für drei Leute reichten, geschweige denn für vier. Dabei stellten Werner und seine Geschwister schon bald fest, dass sie kaum noch etwas gemeinsam hatten. Seit zwei Jahren hatten sie sich nicht mehr gesehen und hatten in dieser Zeit vollkommen unterschiedliche Erfahrungen gemacht, und das machte sich jetzt deutlich bemerkbar. Sie waren Fremde geworden, so sehr sie sich auch anstrengten wieder zueinanderzufinden.

Es dauerte daher nicht mehr lange, bis Werner wieder im Zug nach Ledde saß und unglaubliche Zerrissenheit in sich spürte. Breslau war ihm genommen worden, in Ledde wurde er lediglich durchgefüttert, aber nicht geliebt, in Ostfriesland wurde er geliebt, konnte aber nicht ernährt werden. Am Ende seiner eigentlichen Flucht hatte er also immer noch keinen Platz für sich finden können.

## Epilog

Erst als 1948 der Sohn der Wiersnas aus russischer Gefangenschaft zurückkehrte, sollte sich langsam aufklären, was genau passiert war.

Der alte Wiersna hatte Werner schlicht und ergreifend nicht beim damaligen Suchdienst gemeldet. Die zentrale Anlaufstelle, über die sich schon so viele andere Familien gefunden hatten, war gar nicht erst über ihn informiert worden. Somit hatten auch all die Karten und Gesuche, die Werners Mutter im Laufe der Zeit verschickt hatte, keinen Erfolg gehabt. Denn obwohl sie ihn monate-, ja sogar jahrelang gesucht hatte, konnte sie sich natürlich nur an die offiziellen Stellen wenden, bei denen der alte Wiersna Werner hätte melden müssen, und dort war er trotz aller Versuche aus oben genannten Gründen nicht zu finden gewesen.

Erst als der Bruder des Tischlers, bei dem Werner ursprünglich untergekommen war, zufällig durch Briefe von Werners Verbleib erfuhr, sollte sich etwas in Bewegung setzen. Denn auch die Brüder Wiersna hatten sich durch den Suchdienst des Roten Kreuzes wiedergefunden, und der Schmied erinnerte sich noch ganz genau an den Jungen, den er damals in Pluskau aufgenommen hatte und den er auf seiner Flucht nicht hatte mitnehmen können.

Also tat er Werner den einzigen Gefallen, den er ihm noch tun konnte. Er erkundigte sich so lange nach dem Verbleib von Werners Mutter, bis man ihm Auskunft geben konnte. Dann schickte er ihr ein kurzes Telegramm mit der Nachricht „Werner gesund, Brief unterwegs" und schrieb ihr dann per Post die neue Adresse seines Bruders in Ledde. Keine Sekunde länger sollte sie ohne Kenntnis darüber sein, wo ihr Kind geblieben war.

Werners Mutter hatte sich nach dem Erhalt dieses Briefes sofort in den Zug gesetzt und war damit zum einzigen Bahnhof der Region gefahren, um von dort aus nach Ledde zu ihrem Kind zu laufen. Unterwegs hatte sie ein Mädchen auf der Straße getroffen, das wusste, wo Werner steckte und sie noch spät abends dort hinbrachte. Und so hatte Werner am Ende doch noch seine Mutter wiedergesehen.

Trotzdem blieb er noch einige Jahre bei den Wiersnas, da diese ihn weiterhin um einiges besser versorgen konnten als seine Mutter, so sehr sie es auch wollte. Mittlerweile war auch so etwas wie eine Beziehung zwischen dem Tischler und dem Jungen entstanden, wenn sie auch nicht unbedingt von Liebe geprägt war.

Und als Reinhold Wiersna, der Sohn des Tischlers, aus der Gefangenschaft zurückkam, wurde Werner darüber informiert, dass er jetzt nicht mehr länger gebraucht würde und er zu seiner Mutter zurückkehren dürfe. Werner, der niemals etwas anderes gelernt hatte, als zu gehorchen, wenn man ihm etwas befahl, tat, wie ihm geheißen war.

Im Sommer kam er weiterhin seiner Verpflichtung auf der Tecklenburger Freilichtbühne nach und arbeitete für Wiersna, die Winter verbrachte er bei seiner Mutter in Ostfriesland. Die Zeugnisse dieser Zeit sind ausgesprochen gut, aber jedes Halbjahr wurde von einem anderen Lehrer aus einer anderen Schule unterzeichnet. Werner, der noch immer ohne Heimat war, durfte auch jetzt noch nicht zur Ruhe kommen. Die ständigen Wechsel hörten erst 1951 auf, als Werner mit fünfzehn Jahren eine Ausbildung beim Tischler absolvierte und dafür fest in Ledde blieb.

1952 kaufte Wiersna sich endgültig ein Grundstück, um sich dort ein Haus zu bauen, und Werner wurde als Lehrling und billige Arbeitskraft auf der Baustelle eingespannt. Auf diese Weise lernte er schnell, wie man mauerte, Böden goss und Fenster einsetzte. Zuerst bauten sie die Werkstatt und als diese fertig war, verließen sie endlich den Bauern, bei dem sie seit dem Ende ihrer Flucht gewohnt hatten. Sie zogen in ihr eigenes Heim, auch wenn es noch lange nicht fertig war.

Auf dem Dachboden, der gerade erst fertiggestellten Werkstatt, lagen lediglich ein paar Holzplatten auf den Sparren, über die Werner immer balancieren musste, wenn er in sein „Bett" wollte. Einen richtigen Fußboden gab es dort oben noch nicht und hätte Werner sich in der

Nacht zu weit umgedreht, wäre er metertief auf eine der vielen Maschinen gefallen. Aber das machte ihm nichts aus, denn er hatte schließlich schon weitaus schlimmere Unterkünfte gesehen. Nur die unerträgliche Hitze im Sommer und die Eiseskälte im Winter machten ihn fertig.

Nachdem er 1954 die Lehre abgeschlossen hatte, arbeitete er in verschiedenen Tischlereien in Ostfriesland, Frankreich und Köln, bis er schließlich 1970 seinen eigenen Betrieb auf die Beine stellte. Inzwischen war er Meister geworden in einem Beruf, den er, ähnlich wie sein Vater früher, eigentlich nie wirklich gemocht hatte, und hatte seine Mutter zu sich holen können. Sie war die Einzige, mit der er hin und wieder mal über die Zeit sprechen konnte, die so viel für die Familie Leuschner zerstört hatte. Sie hatte noch immer die Ledermappe mit all den Dokumenten, die sie selbst im brennenden Dresden nicht losgelassen hatte, und sie blätterten oft gemeinsam darin und erinnerten sich so an den Vater.

Werner erreichte noch vieles in seinem Leben. Er heiratete, wurde selbst Vater von zwei Kindern, baute ein eigenes Haus und bildete eine Menge Tischler aus. Doch in all den Jahren, sprach er nie mit jemand anderem als mit seiner Mutter über diese schreckliche Zeit. Er wollte vermeiden, dass irgendjemand die Vergangenheit wieder heraufbeschwor und so war Werner zeit seines Lebens mit seiner Geschichte allein, selbst wenn er mit gleichaltrigen Freunden zusammen war, die Ähnliches erlebt haben mussten. Schweigen war stets das höchste Gebot. Erst ein halbes Jahrhundert später, im Jahre 1999, begann er sich selbst damit auseinanderzusetzen, und nachts, wenn er nicht schlafen konnte, oder tagsüber, wenn er nicht zur Ruhe kam, sprudelten plötzlich die Gedanken und Bilder ungebremst aus ihm heraus. Dann schrieb er über sich, über sein Leben, aber fast immer nur in der dritten Person. Nie war er es, der etwas erlebt hatte, es war immer nur „Der Junge" oder „Der Schreiber". Es gibt über ein Dutzend angefangener Bücher aus dieser Zeit der Aufarbeitung, die Werner aber nie veröffentlichen konnte, trotz seines Wunsches endlich mit der Vergangenheit ins Reine zu kommen.

In dieser Zeit wurde auch eine Fernsehdokumentation über ihn gedreht. Doch er kam noch lange nicht an all die verschütteten Erinnerungen und Gedanken heran, obwohl er unentwegt diesen unglaublichen Drang in sich verspürte endlich alles loszuwerden. Deshalb kratzte er bei den damaligen Dreharbeiten mit seinen Schilderungen auch immer nur an der Oberfläche dessen, was ihm wirklich passiert war. Gemeinsam mit dem Fernsehteam besuchte er all die wichtigen Orte seiner Flucht, doch die Geschichten dazu konnte er noch nicht erzählen. Also weinte er wieder nur heimlich und ganz für sich allein. Er war einfach noch nicht bereit.

Erst 2015, als sein älterer Bruder Kurt und damit gleichzeitig auch mein Opa starb, kreuzten sich Werners und meine Wege auf Kurts Beerdigung. Die Kluft zwischen Werner und seinem Bruder war so tief gewesen, dass ich kaum wusste, dass ich überhaupt einen Onkel Werner hatte. Erst kurz vor seinem Tod hatte mir mein Großvater Werners selbstgebundenen Gedicht-Band zu lesen gegeben und hatte mich dadurch auf ihn aufmerksam gemacht. Ich möchte gern glauben, dass es der Weg meines Großvaters war, seinen eigenen Frieden mit seinem Bruder Werner und der Vergangenheit zu machen, denn sein Leben lang hatte er Stillschweigen über alles bewahrt, was in der Familie geschehen war. Er hatte sein ganz eigenes Trauma zu verarbeiten gehabt, und man hatte niemals von ihm auch nur ein einziges Wort über das gehört, was er im Krieg erlebt hatte. Anders als sein Bruder Werner war mein Großvater auch nie wieder nach Breslau zurückgekehrt.

Werner hingegen hatte die Stadt noch öfter besucht und immer mehr Veränderungen vorgefunden. Das Haus, in dem er geboren worden war, gibt es schon seit dem Krieg nicht mehr, eine Bombe hat die Wand zerrissen, an der einst sein Vater vor dem Piano fotografiert worden war. Die Kirche, die seine Mutter besucht hatte, ist längst verschwunden, und auch der kleine Laden gegenüber ist jetzt ein Parkplatz. Aber den Rundbunker gibt es noch immer, sowie den Eichenpark, das Coseler Waldbad und den „Schweidnitzer Keller".

Wenn ich eines gelernt habe in der Zeit, die ich mit meinem Onkel verbracht habe, dann, dass jeder Mensch eine Geschichte hat, die es wert ist, erzählt zu werden, und auch, wenn er nie wieder nach Hause gekommen ist, zeit seines Lebens unter spontanen Ohnmachten, schweren Depressionen und unkontrollierbaren Wutausbrüchen gelitten hat, so kann ich ihm doch heute in die Augen sehen und ihm ehrlich sagen, dass er geliebt wird, und dass er ein großartiger Mann geworden ist, an den man sich erinnern wird; selbst, wenn er bis heute noch immer glaubt, dass er nur ein unbedeutender Flüchtlingsjunge war, der irgendwann einfach verschwunden sein wird. Ich kann sagen, dass ich niemals vergessen werde, wie wir zusammen in der Dunkelheit gesessen haben und er mich mit in seine Kindheit nahm.

Während er erzählte, hatte ich stets das Gefühl, dass draußen jeden Moment die Sirene losgehen könnte … dass wir mitten in Breslau waren, und einfach nur die Straße hinuntergehen könnten, zum Striegauer Platz, um dort auf seinen Vater, meinen Urgroßvater, zu warten.

Ich habe durch Werner in einer anderen Zeit leben dürfen, habe mit ihm gelacht, geweint und gelitten. Er hat mein Leben verändert. Und ich hoffe, dass Sie, lieber Leser, das alles durch seine Erinnerungen auch ein bisschen nachempfinden konnten. Bitte, vergessen Sie diesen kleinen Jungen, der so vieles durchmachen muss- te, niemals, denn er ist es wert, dass man sich an ihn erinnert.

Onkel Werner, ich liebe dich!

Stefan

Werners Großeltern Rosa und Robert Türk! Rosa hält Margarete, Werners Mutter, auf dem Schoß. Robert wird kurz darauf im ersten Weltkrieg durch einen Kieferdurchschuss verwundet, im Lazarett notdürftig zusammengeflickt und dann wieder in die Schlacht geschickt, wo er fällt. Ihm zu Ehren erhält Werner später den Zweitnamen „Robert"!

Die Hochzeit von Willi und Margarete Leuschner
am 8. August 1934.

Walter und Willi Leuschner auf der Hochzeitsfeier.

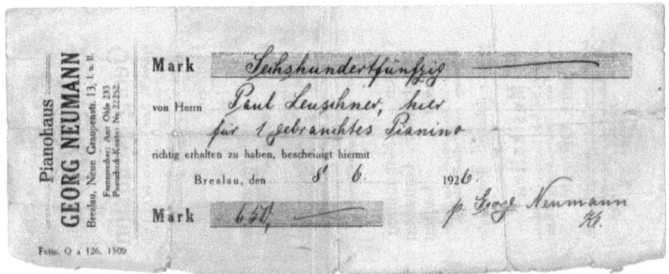

Die Rechnung für Willis Piano, bezahlt vom Vater.

Willi Leuschner an seinem Piano.

Geburtsregister Nr. *1205* des Jahres 1*936*  G.

## Geburtsschein

Vornamen und Familienname: *Werner*

*Robert Leuschner*

geboren am *22* ten *Juli* — 1*936*

in *Breslau*

Standesamt Breslau I am *22 Juli* 19 *36*

(Siegel)

Der Standesbeamte

*[Unterschrift]*

Wurde getauft am *23. August 1936* in der *evangelischen*
*Pauluskirche* zu *Breslau in Schles.*

Paten ....................................................................

.............................................................................

(Siegel)                    Evangel. Paulus Pfarramt

*[Unterschrift]* Pfarrer.

·|——————————————————————|·

Konfirmation – Erstkommunion: am ..............................

in der .......................... zu ..............................

Das .......................... Pfarramt

(Siegel)

.............................................................................

7

Auszug aus dem Stammbuch der Familie Leuschner.

Eines der letzten Fotos auf denen die Familie Leuschner noch zusammen ist. Wenig später wird Willi (Ganz links) zur Wehrmacht
eingezogen.

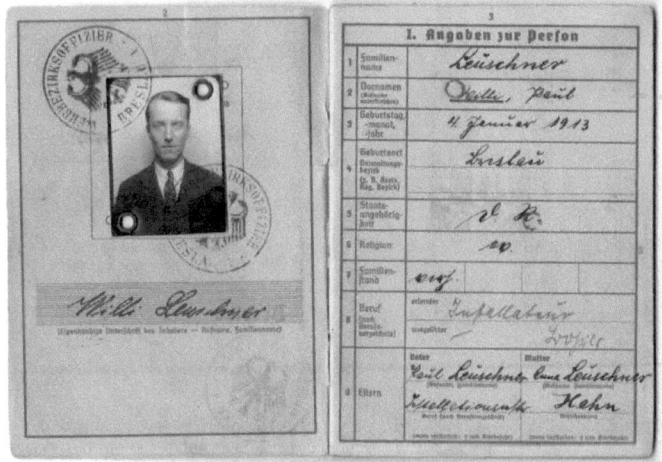

Willis Wehrpaß vom 13. Mai 1936.

Willi (Mitte rechts) auf einem der
seltenen Fotos seiner Militärzeit.

Willi wird am 22.7.1942 schwer am Kopf verletzt
und verstirbt am darauffolgenden Morgen gegen 3 Uhr.
Rechts am Helm sieht man das Einschussloch.

Wenige Tage nach Willis Tod wird Werner (rechts) eingeschult.

Werner (ganz links) mit seiner Mutter und
einigen befreundeten Kindern kurz vor seiner
Kinderlandverschickung an der Oder.

Der Rundbunker am Striegauer Platz, in dem
sie immer öfter Schutz suchen mussten (1973).

Pluskau: Tischlerei links, Wohnhaus des Tischlers in der Mitte, Schlosserei rechts. Auf der Grünfläche vorne im Bild campierte das Barthold-Unternehmen.

Michelsdorf: Unter diesem Baum hatte man die fünf Deutschen versammelt, die später hingerichtet wurden. Ganz rechts im Bild die Tür, durch die Werner später an dem Russen vorbei flüchtete.

Auf dieser Wiese (links) kniete der neunjährige Werner, als er erschossen werden sollte.

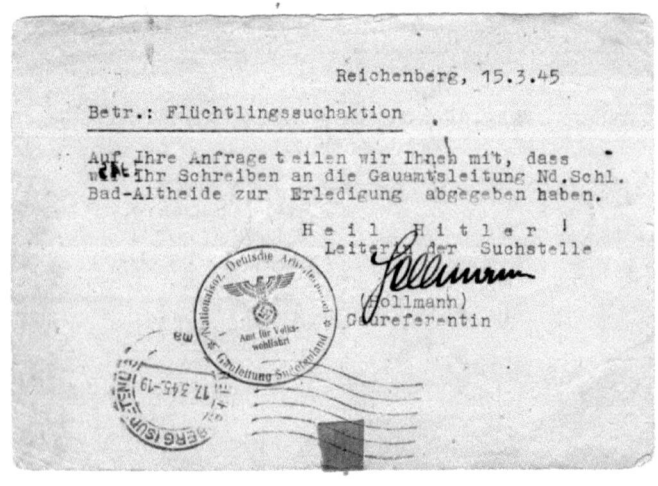

Nationalsozialistische Deutsche Arbeiterpartei
Gau Sudetenland
Kreisleitung Prag-Hauptamt für Volkswohlfahrt

Frau
..............................
G.Lenschner
..............................
.Weisskirchlitz b.Tepl.Schönau

Betr.: Ihre Anfrage vom ........
Aufnahme in Suchliste.

Ihre Anfrage nach dem Verbleib von ......................
· Schüler Werner Lenschner aus Pleskau
..............................................

..........................................................
haben wir zuständigkeitshalber an die Zentralauskunftsstelle
Berlin C 2 weitergeleitet. Nach erfolgter Ermittlung erhalten
Sie von dort Bescheid.            Heil Hitler!

Der Leiter der Hauptstelle
Wohlfahrtspflege und Jugendhilfe:

( F.Ladstätter )
Gemeinschaftsleiter

i.A.: Marianne Hollath

Selbst wenn man ihn im Register gehabt hätte, wie hätte man einen
Werner Lenschner aus Pleskau finden sollen?

Reichenberg, 15.3.45

Betr.: Flüchtlingssuchaktion

Auf Ihre Anfrage teilen wir Ihnen mit, dass
wir Ihr Schreiben an die Gauamtsleitung Nd.Schl.
Bad-Altheide zur Erledigung abgegeben haben.

H e i l   H i t l e r !
Leiter der Suchstelle

(Vollmann)
Gaureferentin

Auch hier konnte Werners Mutter nicht geholfen werden.

94

Egal wie viele Briefe und Karten Werners
Mutter auch schrieb, er blieb weiterhin verschollen.

Erst dieses Telegramm brachte Gewissheit:
„Werner gesund - Brief unterwegs"!

Werner im Jahre 1947, in seinem Walter Tell-Kostüm!
Er spielte jetzt eine der Hauptrollen auf der
Tecklenburger Freilichtbühne.

Nach den Auftritten setzte Werner sich auf die Treppe links im Bild,
und belauschte die vorbeiziehenden Zuschauer wie sie über das
Stück sprachen.

Werner auf dem Schoß von Annemarie Wendl, der Frau die auf der Bühne seine Mutter war! Später sollte sie die Else Kling in der Lindenstraße spielen, so dass Werner sie nie ganz aus den Augen verlor.

Werner und seine Mutter an der Hauptstraße in Ledde (1953), nur wenige Meter weiter war er sieben Jahre zuvor abgesetzt worden.

Werner im Laufe der Jahre

## Vorwort zu „*Helle Nächte, dunkle Tage*"

Werner Leuschner begann erst im Jahre 1999 sein Kriegstrauma in Form von Gedichten, Texten und Zeichnungen zu verarbeiten und dabei über fünfzig Jahre alte und bis dahin komplett unterdrückte Erinnerungen ans Tageslicht zu zerren. Nächtelang saß er allein am PC und schrieb sich den Schmerz, die Angst und die lebenslange Einsamkeit in dem folgenden Buch von der Seele. Das erste Mal brach er sein Schweigen, erst mal nur vor sich selbst.

Vieles war dabei noch ungeordnet und einiges sollte später noch von ihm korrigiert werden, aber trotzdem sind seine Gedanken auch so schon unglaublich lesenswert. Ich bin deshalb sehr stolz darauf, dass er mir erlaubt hat, eine kleine Auswahl zu treffen und als Teil unseres Buches zu veröffentlichen. Im Folgenden lesen Sie also die Gedichte, die er selbst unter dem Titel „*Helle Nächte, dunkle Tage*" herausbringen wollte.

Stefan Heikens

# Helle Nächte, dunkle Tage

Am 21. Januar 1945 erlebte ich, damals ein achtjähriger Knabe ein Ereignis, ein Schlüsselerlebnis für mein weiteres Leben, das sich über drei Jahre hinzog und mich in meinem Wesen und Denken dramatisch veränderte. Der Zweite Weltkrieg neigte sich dem Ende zu, und die russischen Truppen waren schon in Ostpreußen in deutsches Staatsgebiet eingedrungen. Sie rückten dabei unter heftigem Widerstand der schon stark reduzierten deutschen Truppen bedrohlich Richtung Westen vor. Als dann die Flucht vor der näher rückenden Front, am Sonntag, den 21. Januar begann, wurde diese für mich zu einem Trauma. Ich hätte manches nicht erleben müssen, denn ich gehörte doch eigentlich ganz woanders hin.

Die Ursache war ein Zug, der mich und meine Schulkameraden nach Breslau hätte bringen sollen, wo meine Mutter und Geschwister bereits auf mich warteten, damit wir gemeinsam in Richtung Westen flüchten konnten. Es war ein ganz besonderer Zug. Es war der letzte Zug für immer. Nie wieder fuhr von diesem Bahnsteig aus ein Zug ab in Richtung Breslau. Er war der Letzte, welcher mich nach Hause bringen sollte. Ich kam nie mehr nach Haus, ins Elternhaus.

Meine Mutter, mit Kurt und Irmgard, musste, obwohl ich nicht mit der Schulklasse in Breslau eintraf, die Stadt verlassen und fuhr zu Verwandten nach Dresden, und sie alle erlebten dort die Hölle, am legendären 13. Februar 1945, über den heute noch sehr viel gesprochen wird. Denn diese Stadt war keine strategisch oder militärisch bedeutsame Stadt, welche eine solche verheerende Bombardierung hätte rechtfertigen können, doch mehr als 50 000 Menschen starben in dieser Nacht.

Meine Verspätung dauerte mehr als drei Jahre, und in anderen Zügen fuhr ich über ein Jahr später fast tausend Kilometer in die falsche Richtung. Nur ich allein hatte den letzten Zug verpasst. Wir waren eine Schulklasse mit Lehrerin. Alle waren mit dem allerletzten Zug heim zu ihren Angehörigen gefahren, nur ich blieb zurück. An allen Orten, wo meine Mutter nach der Flucht aus Breslau Station machen musste, hat sie nach dem verlorenem Jungen suchen lassen. Zum Andenken hebe ich noch alles auf, was mir darüber in die Hände kam.

Im Zwiespalt meiner Gefühle lebte ich immer mit dem Gefühl noch immer unterwegs zu sein, denn wenn ich im Leben sesshaft wurde, ein Haus baute und den Garten bestellte, verließ mich nie das Gefühl noch nicht angekommen zu sein. Es hat einige Stationen in meinem Leben gegeben, wo ich mir sagte: „Hier bleibe ich". Nie habe ich mir gesagt: „Ich bin angekommen". Warum konnte ich nicht sagen: „Nun bin ich nicht mehr unterwegs, die Irrfahrt ist zu Ende"? Die Antworten auf diese Fragen habe ich erst jetzt, im letzten Lebensabschnitt meines sehr bewegten Lebens, erhalten.

Mit der Ballade „Der letzte Zug" kann man vielleicht erkennen, was mich veranlasste zu schreiben.

Mein Leben wäre anders verlaufen und auch beruflich hätte ich für mich ganz anders entschieden, wenn es die damaligen Umstände in der Nachkriegszeit erlaubt hätten.

Erst jetzt bin ich in der Lage, mich recht zu erkennen und schreibe mir vieles vom Herzen.

## Der letzte Zug
## Es war am 20. Januar 1945

Es wurde geredet, gerufen und gelaufen,
keiner stand still, vorbei war die Ruh.
Es wurde geweint, man tat die Haare sich raufen,
ein Knabe stand abseits und schaute zu.

Er stand herum und spürte bald,
die Kälte bis zum Herzen.
Es war Januar und grimmig kalt,
es gab kein Lachen mehr und Scherzen.
Heute kommt der letzte Zug,
fährt zum letzten Mal nach Breslau.

Er wird ein letztes Mal noch tuten,
gibt ein letztes Mal Signal.
Wer noch mit will muss sich sputen,
alles ist heut ein letztes Mal.

Der Himmel strahlt im schönsten Blau,
ahnungslos scheint die Natur,
wundersam in weiß gebettet,
leuchtet strahlend Feld und Flur.

Für alle kommt heut die letzte Nacht,
die letzte Nacht zu Haus im Bett,
dem Vieh im Stall wird Futter gebracht,
morgen geht es auf den Treck.

Überall werden Wagen beladen,
die Pferde stehen noch im Stall,
Männer, Frauen und Kinder tragen
was sie zum Leben nötig haben,
in Taschen und Säcken aus dem Haus.

Der Knabe steht etwas hilflos herum,
keiner wird sich um ihn kümmern.
Gleich fährt der letzte Zug ins Dorf,
keiner wird ihn daran erinnern.

Nun sind die Kinder
aus Breslau, der Stadt,
aus der man die Kinder
wegen Fliegeralarm,
hier auf das Land verfrachtet hat,
nicht mehr tragbar.

Die Mütter müssen sie wiederhaben,
die müssen ja auch in den nächsten Tagen
der Heimat entfliehn,
und mit dem Frontverlauf
nach Westen ziehn.

Die Lehrerin und die Kinder der Stadt
stehen versammelt an den Gleisen,
fahren mit dem Zuge ab,
hinterlassen im Dorf
den Knaben als Waisen.

Das Schicksal nahm nun seinen Lauf,
plötzlich fiel der Junge auf.
„Warum ist er hier und noch nicht fort?
Breslau ist doch sein Heimatort."

Die Pflegemutter war nun in Not,
sie weinte und klagte in einem fort:
„Hier können wir Dich nicht gebrauchen,
jetzt kannst Du ja zu den Bauern laufen,
die Deine Freunde gewesen sind,
jetzt können sie es beweisen,

das wenigstens einer davon Dich nimmt,
wir müssen nämlich schon heute
umständehalber verreisen."

„Warum hast Du den Zug verpasst,
warum nur Du allein,
da hast Du wohl nicht aufgepasst,
musste das denn sein?
Nun stehst Du da,
na, wunderbar
der Tag ist zu verfluchen,
bei Dir zu Haus,
das ist doch klar,
wird man Dich schon suchen."

Nun steht der Knabe
in der Fremde allein
und merkt,
dass es ihm schade,
dass er noch hier
und nicht daheim,
auch keine Pflegeeltern habe.

Die verließen diesen Ort,
heute flohen sie schon fort,
taten hinter seinem Rücken,
ohne Abschied, per Motorrad sich verdrücken.
Denn irgendwo in einer Stadt
stand für sie ein LKW
zur Ehrenrettung sei gesagt:
Das Kind bereitete schon Weh.

Er war nun völlig fehl am Platz,
sie hatten keine Wahl,
man kann schon glauben,

auch den Beiden,
wurde der Junge zur Qual.

Als der Tag sich neigte,
das Haus war leer,
sich das Ausmaß zeigte
klagte er sehr:
„Ich bin schuld,
ich ganz allein"
weinte er still in sich hinein:
„Ich will nach Haus
zum Bruder, zur Schwester,
ich will jetzt bei der Mutter sein".

Er ging zum Nachbarn
und kehrte dort ein,
dies schien für das Kind
letzte Zuflucht zu sein,
erhielt dort den Rat
den schon mancher ihm gab:

„Du musst fragen,
 die Bauern bitten,
ob Du auf den Wagen,
die vollgeladen,
zwischen Säcken und Kisten,
nicht hocken könntest,
um dort dein Dasein zu fristen."

„Hier kannst Du nicht bleiben,
allein unter Polen,
die Front kommt schon näher,
Dich wird keiner mehr holen".

Der Knabe machte sich auf den Weg,
er kannte die Bauern
jeden Weg, jeden Steg
doch überall wurde ihm gesagt:
„Mein Junge,
es geht nicht,
schau Dir an die Wagen,
sie sind überladen
und müssen morgen
wenn wir fliehen,
uns selbst noch tragen".

Der Junge ist erst acht Jahre alt,
noch klein, sehr schlank und zart,
das Schicksal war schon rau und hart,
hatte schon Spuren hinterlassen,
denn seinen Geburtstag
wird er nie feiern,
da hatte sein Vater,
im fernen Osten,
in dem sinnlosen Krieg,
schon sein Leben gelassen.

Die Nacht brach herein,
das Nachbarhaus
schien wieder
letzte Zuflucht zu sein.
Man saß in der Küche am warmen Herd,
ein Ehepaar war dort zu Gast,
deren drei Kinder, ihnen lieb und wert,
schliefen zu Haus,
dort gab es keine Hast!

Dort gibt es kein Packen
und keinen Frust,

die Eltern hatten keine Lust,
morgen zu flüchten,
sie hatten anderes beschlossen:
Hier nahmen sie Abschied
und haben des nachts,
ihre Kinder und sich selbst erschossen.

Man hatte die Toten der letzten Nacht,
morgens gefunden und zum Friedhof geschafft.
Unter die Erde aber noch nicht,
der Boden war zu sehr gefroren,
was soll's, sie hatten zwar ihr Leben,
ihre Heimat aber nicht mehr verloren.

Nun steht der Treck
zur Abfahrt bereit
und wieder fährt ein letzter Zug,
es sind Pferdewagen,
mit Hab und Gut
und den Menschen beladen,
ins Ungewisse, eine neue, schreckliche Zeit!

Doch was ist mit dem Knaben?
Er steht und blickt stumm
auf den Zug,
herauf und herunter.
Er fragt nicht mehr,
er weiß ja warum:
ihn will keiner haben.

Den Zug nach Breslau hat er verpasst,
das nagt fürchterlich im Herzen,
hier ist er pünktlich am letzten Zug,
doch hier will ihn keiner,
nicht einer mehr haben.

Der Nachbar bei dem er den Abend verbrachte,
hatte dann kurz entschlossen,
es schließlich doch zuwege gebracht,
als der Treck sich in Bewegung setzte,
den Jungen auf einen Wagen zu hieven,
als er einen Wagen entdeckte,
den ein Pole allein für seinen Bauern fuhr,
und so das Kind
zwischen den Säcken versteckte.

Da saß nun der Knabe
zwischen fremder Habe,
hoch auf dem Wagen
in einem fremden Zug,
der ihn nicht mehr nach Breslau
zu seiner Mutter,
zu Bruder und Schwester
nach Hause trug.

Was er wohl nun dachte?
Quält ihn die Schuld,
den einen Moment verpasst zu haben,
der sein Leben entschied
und deshalb hier,
auf einem fremden Wagen?

Die Wagen ratterten,
Hufe klapperten,
Menschen riefen,
fluchten und liefen
den Zug herauf oder herunter.
Immer bunter wurde der Zug.
Immer mehr Wagen kamen
aus den Seitenwegen,
doch keiner wollte mehr Vorfahrt geben.

Verdammt und verflucht,
welch ein Geschrei!
Man ist auf der Flucht,
wo jeder sein Heil
irgendwo in der Fremde,
weiter westlich sucht.

Die Pferde schnauften
und zogen die Wagen,
die Tränen liefen
bei dem Knaben
von keinem bemerkt
versteckt auf dem Wagen.
Er weiß nicht wohin
ihn die Räder tragen.

Der Knabe sitzt gut,
warm angezogen.
Es war noch hell,
man fuhr Kolonne,
heut schien wieder die Sonne
doch was änderte sich schnell?

Bei dem Geratter,
und Geschüttel,
eigentlich ein Graus,
verrutschte die Ladung,
versanken die Beine,
 ohne Hilfe kommt er da nicht mehr raus.

Er sitzt nun auf dem Ackerwagen
den ein Gaul ganz willig zieht
und zweckentfremdet,
die Sachen muss tragen,
mit dem Breslauer Kind

so der Heimat entflieht.

Man fuhr in die Nacht,
die Landschaft war weiß
von Mondschein erhellt,
in die Sachen verklemmt,
wurde ihm warm und heiß.
So hat er den Tag und die Nacht verbracht.

Tief in der Nacht stand der Treck an der Oder,
auf der anderen Seite war Lüben.
Es war Nacht, die Stunden vergingen
und Rufe erschallten:
„Aus welchem Grund stehen wir hier
und sind nicht schon drüben?"

„Dir geht es doch gut,
da sitzt Du doch warm?",
sein Helfer stand neben dem Wagen.

Das einsame Kind
hatte längst schon geglaubt,
dass alle ihn schon
vergessen haben.
„Danke, Onkel,
hier halte ich's aus".
Eine Zwangsgemeinschaft,
in der Not geboren,
wurde in diesen Momenten daraus.

Als man in Sebnitz eine Rast einlegte,
war es schon selbstverständlich,
dass man Werner, den Knaben,
wie den Eigenen hegte,
und hob ihn von dem Wagen.

Jetzt gehörte er ihnen,
er sagte „Onkel" und „Tante"
man blieb ein paar Tage
in diesem Ort,
und dort fiel vom „Onkel",
dem Horst Wiersna,
das für viele aus Pluskau
bedeutsame Wort:
„Abwarten, bleiben,
Zeit gewinnen,
Nachrichten hören,
was ist die Wahrheit,
was ist spinnen?"

Die Fluchtfahrzeuge wurden beschossen,
da hat man verhängnisvolles beschlossen,
sich seitwärts in die Wälder zu schlagen,
Michelsdorf war das Losungswort,
die Pferde müssen mal Schonung haben,
nur weg von der Straße an einen sicheren Ort.

In Michelsdorf hat dann das Wetter entschieden,
man schneite ein und ist dort geblieben.
Die anderen aus Pluskau kamen nach Sachsen,
und hatten vielleicht deshalb mehr Glück,
denn die in Michelsdorf geblieben,
ließen manchen Mann dort tot zurück.

Die Russen kamen,
es hat Opfer gegeben
und Werner musste
mit Wiersna erleben,
man führte fünf Männer
aus dem Haus,
man hat sie erschlagen,

oder erschossen,
und machte sich einen Spaß daraus,
Frauen und Kinder
in die Küche zu treiben
um Einweckgläser
an die Decke zu werfen,
deren Inhalt und Scherben
an der Decke zerschellte,
sich auf die Menschen darunter ergoss.

Die Menschen flohen
durch Fenster und Türen,
man machte auf sie
eine Treibjagd bei Nacht.
Es war dunkel
man sah die Mündungsfeuer,
eine Mutter mit Kind
hatte es fertig gebracht,
sich vor den Russen zu verstecken,
im hintersten Zimmer
unter Klamotten und Decken.

Auch Werner war
bei ihnen geblieben
und wollte aus Angst
sich auch nur verkriechen.

Er hatte am Tag schon die Toten gesehen,
denn eine Frau, deren Mann erschossen,
wollte zu ihrem Toten gehen
und hatte deshalb kurz entschlossen,
den Knaben an die Hand genommen
und hoffte so,
als Frau mit Kind,
wäre sie etwas geschützt,

an den Panzern vorbei,
über einen Hügel hinweg,
ließ man sie gehen,
es hatte genützt.

Der vierte Tote den sie fanden,
war erst ihr Mann.
Sie waren vor allen stehen geblieben
und schauten, wie jeder zu Tode kam,
das ist ihm in Erinnerung geblieben.

Nun wurde es unheimlich still im Haus,
die Frau nahm sich die Kinder
und wollte raus.
Ein Russe am Ausgang
mit dem Gewehr in der Hand,
wurde von der Frau und beiden Kindern
fast umgerannt.

Der Russe rief „Stoi" und verfolgte sie,
die Frau blieb stehen und sank in die Knie,
sie zog auch die Kinder zu sich herab.

Der Russe zielte, doch Schüsse, die hallten,
kamen von der „Treibjagd" her,
man hörte die Schreie,
von den Menschen, die rannten
und der Soldat senkt sein Gewehr.

Er sagte ein Wort wie „Nitschewo"
als er auf sie herunter sah,
der Knabe hatte noch die Toten vor Augen
und wusste, man war jetzt dem Tod ganz nah.

Und immer wieder fiel ihm ein,
das alles muss die Strafe sein,
er war nicht mit zum Bahnhof gegangen,
drum mitgefangen und mitgehangen.

Man hatte dann alle zusammen getrieben
und mit Gesten gezeigt in ein Haus zu gehen.

Doch mit der Angst im Nacken,
war keiner bereit
und blieben ganz eng,
einfach stehen.
Die Russen hatten,
als sie die Männer erschossen,
dieses mit Wodka
reichlich begossen
und drängten die Menschen in ein Haus
und spielten mit Eierhandgranaten
und alle dachten: „Jetzt ist es aus",
und flohen wieder durch den Garten.

Es war dann weiter nichts passiert,
es wurden alle zurück geführt.
Nur die Frauen hatten es schwer,
sie mussten viel erleiden,
darüber spricht man heut nicht mehr
und so sollte es auch bleiben.

Nach einigen Wochen
in dem Bauernhaus,
wurden alle Bewohner
daraus verschleppt.
Neben einem Gut
war die Kommandantur
und wollte die Deutschen

zum Arbeiten nur.

Der Krieg nahm ein Ende am 8. Mai,
doch erst ein Jahr später
war Werner dabei,
von den Polen vertrieben,
in Güterwagen
wurden die Menschen,
darunter auch er
über die Neiße,
die Elbe,
gen Westen gefahren.
In Tecklenburg, Ledde
war dann Endstation.

Man hielt hier Werner
wie einen eigenen Sohn.
Er wurde wieder
in die Schule geschickt,
und keine Behörde
hat nach ihm geblickt,
kein Suchdienst wurde informiert,
keine Akte über ihn geführt.

Es hieß, dass seine Eltern tot sind
und gab sich damit schon zufrieden
deshalb war,
der verlorene Sohn,
auch weiterhin
verschollen geblieben.

Ein Jahr später schon,
im Freilichttheater
stand er auf der Bühne
als Walter Tell,

verlor nach dem Apfelschuss
Tell seinen Vater,
und bekam dann zum Schluss
vor tausenden Zuschauern
von der Mutter,
dem Vater,
nach siegreichem Ende
mit der Familie vereint
ganz theatralisch,
Umarmung und Kuss.
Schluss.

Das Publikum klatschte
begeistert Applaus
und Werner, der Knabe,
ging wieder nach Haus.

Was heißt hier nach Haus?

Er war in der Fremde,
ein Waisenkind,
das tat keinen stören,
er durfte nur,
durch die Bühne bekannt,
die süffisanten Sprüche hören:
„Er hat im Krieg
seine Eltern verloren,
sie sind alle tot,
er ist hier unser Star,
steht er auf der Bühne,
wie wunderbar,
wenn er dort von Schiller
die Worte spricht:
„Vater schieß zu,
ich fürchte mich nicht!".

Verdammt noch mal
und zugenäht,
hat denn keinen,
auch nicht einen
beim Überlegen
die Frage bewegt?
Ist es denn amtlich,
das alles so ist,
wurde dem Suchdienst gemeldet,
wen er sonst noch vermisst?
Wurde überhaupt was für ihn getan?
Nahm sich sonst niemand
des Jungen an?

Sein neuer Onkel, die neue Tante,
deren Zuneigung er gewann,
hatten anders entschieden,
den Suchdienst gemieden.
Ihr Sohn war vermisst,
das Kind sehr genehm,
es spielt gut Theater
und konnte nebenbei,
kam er aus der Schule
gleich zum Bauern gehn.

Er hütete Kühe
und brachte zum Glück,
Butter und Speck
von den Bauern mit.

Im Jahr '47, das soll einer verstehen,
haben mehr als 50.000 Zuschauer
das Kind gesehen.
Er stand in der Zeitung mit Bild und Text.
Es war wie verhext.

Gegenüber Emden im Rheiderland,
wo seine Mutter mit seinen Geschwistern
nach der Vertreibung eine neue Heimat fand,
wurde nicht bemerkt, dass einen Steinwurf weiter
der Sohn und Bruder auf einer Bühne stand.

So blieb Werner weiter ein Waisenkind
und funktionierte prächtig,
man konnte ihn nutzen,
schminken und verkleiden,
und keiner sah einmal den Knaben leiden.
Er spielte eine Rolle
auch nebenbei im Leben.
Das war ja das Tolle,
er konnte es eben.

Die Mutter hatte ihn suchen lassen,
und schließlich war es ihr gelungen
nach über drei Jahren, die quälend waren
fand sie endlich den Jungen.

Die Mutter wohnte sehr beengt
und wieder hatten sich bei dem Kind
die schlimmen Gedanken aufgedrängt,
die nach Jahren der Trennung
verständlich sind:
„Für mich ist kein Platz,
falle hier nur zur Last,
ich gehe zurück zu dem Ehepaar,
deren Sohn noch in Russland
und deren Trost ich war,
und bleibe bis sie
nicht mehr allein,
es geht wohl nicht anders,
es muss halt so sein.“

Er fuhr mit dem Zug die Strecke zurück,
lebte wieder bei den Alten,
und spielte wieder in einem Stück
wieder einen Sohn,
denn Götz von Berlichingen
war auf der Bühne sein Vater.

Er spielte 1949 noch mal
im Wilhelm Tell,
den Walter
mit Annemarie Wendl,
ab und zu fuhr er nach Haus
sein Leben glich einem Pendel.

In seinem weiteren bewegten Leben
hat es noch viele Orte gegeben,
wo er sesshaft werden wollte,
ob sein Schicksal mit ihm grollte,
seinen Fehler nie verzieh?
Angekommen war er nie.

Seine Gedanken haben,
sich in der Seele
für immer und ewig
fest eingegraben:
„Ich gehör hier nicht hin,
nur ich bin der Fremde,
ich gehöre niemanden
und werde am Ende
wieder abseits stehen,
auf die anderen schauen
und ganz unbemerkt
von dannen gehen."

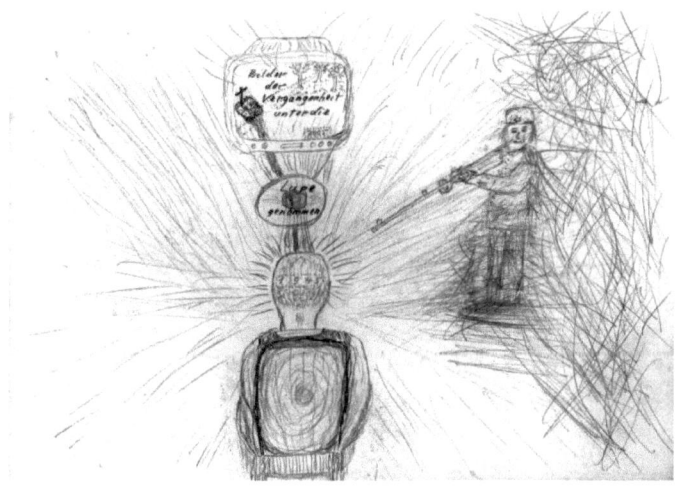

Heute würde ich gern die damaligen Jungen und Mädchen wiedersehen und sprechen können, die mit dem letzten Zug nach Breslau fuhren. Es handelt sich um die Strecke Herrnstadt, Pluskau, Trachenberg - Breslau. Es war der 20. Januar 1944. Für mich ist es ein Schicksalstag von größter Bedeutung gewesen. Mein Leben ging in eine ganz andere Richtung und war zeitweilig schwer zu ertragen. Das Kriegsende erlebte ich, nicht weit hinter der Oder, in Schlesien und das sagt eigentlich schon vieles. Wenn man die Vorgeschichte aus seinem Leben kennt, wird man ein Verständnis zu den Versen und Gedichten bekommen, die für den Schreiber aus ganz besonderen Schlüsselerlebnissen seines Lebens herrühren und ihn in besonderer Weise zum Schreiben drängten. Man kann es als Therapie seines Seelenlebens betrachten, in eigener Regie, in der Hoffnung sich selbst zu erkennen.

Bei einem Treffen der Heimatvertriebenen, 55 Jahre nach der Vertreibung aus Pluskau trat etwas ein, wo ihm klar wurde, warum er nie angekommen ist und immer in seinem Leben das Gefühl hatte, am falschen Ort zu sein. Jedenfalls, auf diesem besagten Heimattreffen, welches harmonisch verlief und alle Beteiligten schon viel älter geworden waren geschah Folgendes:

Es wurde nach dem gemeinsamen Mittagessen in dem Restaurant eine Pause in den Gartenanlagen eingelegt. Werner Leuschner lief mal wieder mit dem unbekannten Gefühl herum, er würde wie damals auf der Flucht eigentlich gar nicht hierhin gehören. Aber irgendetwas hatte ihn bewogen, an diesem Treffen teilzunehmen. Er stand abseits einer größeren Gruppe von Pluskauern, die sich angeregt unterhielten. Plötzlich tauchte vor ihm ein Mann auf und sprach ihn an. „Werner", sagte er, „Ich habe mal eine Frage". Er druckste jetzt etwas herum und suchte die Worte und sagte: „Nimm mir das aber nicht übel. Du brauchst mir die Frage auch nicht beantworten, wenn es Dir unangenehm ist, aber ich frage mich schon immer; Warum warst Du noch in Pluskau, als wir auf die Flucht gingen?".

Und jetzt geschah etwas ganz Unerwartetes. Werner fühlte sich wieder einmal in einer außergewöhnlichen Situation. Etwas ganz Ungewöhnliches, nicht Beschreibbares ging in seinem Innern vor und er begann zu sprechen. Er war dabei nicht mehr er selbst. Er hörte sich sprechen und Ereignisse erzählen, die seit Jahrzehnten nicht mehr in seinem Bewusstsein, seiner Erinnerung waren. Es sprudelten Worte und Sätze aus ihm heraus, wie sie sein Unterbewusstsein beim Reden, erzählen frei gab. Als er mit dem Sprechen aufhörte, war er so verwirrt, dass er den Fragesteller stehen ließ, sich umdrehte und weglief. Er lief und lief und fand sich später außerhalb des Ortes wieder. Als er wieder zu dem

Hause des Treffens zurück kam, wollte er niemandem mehr begegnen und setzte sich in den Wagen und blieb dort sitzen und fuhr dann schweigend am Abend mit seinen Gastgebern auf deren Hof zurück.

Am anderen Morgen, beim gemeinsamen Frühstück, wollte er den Gastgebern, die auch aus Pluskau stammten und hier eine neue Heimat gefunden hatten, sein Verhalten etwas erklären, aber es gelang ihm noch nicht und er lief hinaus. Im Laufe der nächsten Monate wurde ihm so nach und nach erst bewusst, warum ihm vieles im Leben so schwer gefallen ist. Da wurde der Wunsch in ihm lebendig Gedanken aufzuschreiben. Um seine Vergangenheit zu bewältigen.

„Piep, piep, piep - keener hat mich lieb!"

Hallo, geschätzte Leser!

Schüttelreime möchte ich schreiben,
ich habe das noch nicht probiert,
oder lass ich's lieber bleiben,
sie sind heut sicher antiquiert.

Sketche möchte ich gern schreiben,
voll Elan und viel Esprit
oder lass ich's lieber bleiben,
man kann es, oder lernt es nie.

Romane schreiben wie Thomas Mann
würde ich gerne, doch ich kann,
dem Mann nicht mal das Wasser reichen,
man würde mich nie mit ihm vergleichen.

Ich habe geträumt, und bin im Bilde
und steige nieder in die Gefilde
die mir noch bleiben
und beginne bescheiden.

Leserbriefe möchte ich schreiben,
Themen gibt es doch zuhauf,
doch ich lass das lieber bleiben,
es regen sich schon Andere auf.

Artikel schreiben für die Presse,
ein Kochbuch, weil ich gerne esse,
damit würde ich bekannt.

Wohin hab ich mich verrannt?
Essen kann ich, kochen nicht,
in der Ferne seh' ich Licht:
Führe doch ein Tagebuch!

Doch auch darauf liegt ein Fluch.

Ein Tagebuch führen wollte ich stets
doch ich war immer unterwegs.
So blieb es liegen.
Heute siegen
Balladen, Gedichte,
wie dieses hier
und sage mir,
innerlich heiter,
spinne so weiter.

Sollte ich mal an Freunde schreiben?
Sie schreiben Briefe, Ansichtskarten,
auf Antwort müssen sie lange warten.

Rührt sich mein Gewissen,
holt es mich aus dem Turm?
Nicht Ehre, nicht Ruhm,
kein Geld der Welt,
die Freundeshand
hat nur Bestand.

## Schicksal

Das Schicksal setzt den Hobel an
und hobelt alle gleich.

Gevatter Tod, der Sensenmann
holt Alte, Kranke, Kluge, Dumme,
egal ob arm ob reich.

Gleich ist der Rasenmäher dran,
dann bin ich der Sensenmann,
im Garten mit dem Teich.

Hier bin ich der Sensenmann,
Gevatter Tod soll warten,
setzt er bei mir den Hobel an
muss er durch unsern Garten.
Er muss dabei doch sehen,
wie hoch dort Gräser stehen.

Und da ich hier der Sensenmann,
eigentlich Kollege,
lässt er mich meine Arbeit tun
und geht mir aus dem Wege.

Deshalb muss mein Garten
immer lange Zeit,
auf den Schnitter warten.
Ich bin noch nicht bereit.

## Mensch

Die Erde selbst
ist eine heilige Stätte,
wenn Du an Gott
und seine Schöpfung glaubst.

Darum mache die Erde nicht
zu einem Totenbette,
wenn Du den Frieden auf ihr raubst.

Gott schuf für das Leben
einer jeden Kreatur
die Lebensbedingungen
und seine Lebensuhr.

Du möchtest Mensch sein,
Gottes Ebenbild,
so stellst Du Dir Deinen Schöpfer vor,
auch für andere Menschen
gilt das Gleiche:

Öffne doch endlich
zum Herzen das Tor!

## Sorgen

Die Sorgen im Leben
sind wie das Salz in der Suppe.
Die Schmerzen sind das Leben in mir.

Kratz ich mich am Kopf
und es fällt eine Schuppe,
ist das Abfall vom Abfall.
Was soll ich hier?

Was ist denn hier, und was ist dort?
Bin ich nicht hier, bin ich eben fort.

Bin ich von gestern,
da nicht heute geboren?
Gehöre ich nach hier,
weil woanders verloren?

Bin ich aus der Schöpfung,
oder nur ein Produkt?
Warum hat ein Schöpfer
noch nicht aufgemuckt?

Wenn Menschen,
seine Ebenbilder auf Erden,
teuflisch morden?

Es werden noch viele Menschen umgebracht.
Vielleicht heißt es bald wieder: Es ist vollbracht!

## Schicksal

Die Welt um mich ist eine Kulisse,
die mich bedrückt, egal wo ich bin,
ich sehe, spüre, ahne die Risse,
spüre die Narben der erlittenen Schmisse,
die außen nicht sichtbar,
sich im Innern verbergen.
Ich halt mich bedeckt,
damit keiner erschreckt.

Hinter dem Vorhang des Schweigens
verbirgt sich still ein See voller Tränen,
Trauer und Wehmut, Enttäuschung und Angst.
Weil das Schicksal es will, spricht es leise zu mir:
„Du musst, willst Du bleiben,
noch vieles erleiden.
Schaue Dich um,
viel Unheil geht um.

Es wirft seine Schatten über die Erde,
die Menschheit ist dumm
und ich weiß schon,
ich werde noch vieles tun,
als Dein Schicksal eben,
ich begleite Dein Leben."

## Erinnerungen

**D**iese Alten von damals sind nicht mehr,
sie deckt heute zum Teil noch ein Blumenmeer.

**S**ie waren uns Vorbild mit Worten und Taten,
uns wurde geholfen und wurde geraten.

**I**n manch stiller Stunde mache ich eine Runde,
an geheiligten Orten,
hinter eisernen Pforten
und habe vielen,
denen ich schon nachgeschaut,
in meinem Herzen eine Kapelle gebaut.

## An mein Papier

Du bist weiß und DIN A4,
und liegst erwartungsvoll vor mir.

Eine der zwei weißen Seiten,
werde ich gleich vorbereiten,
sie benutzen und beschreiben,
dafür bist Du existent,
dazu wurdest Du geschaffen
und ich werde vehement,
Gedankengut zusammen raffen
und auf Dir ein Werk erschaffen,
welches mir gefallen muss,
sonst ist bald schon mit Dir Schluss.

Denn zerknüllt und klein gerissen,
wirst von mir Du weggeschmissen,
kommt kein geistiger Erguss.

Dann kann Deine andre Seite,
Dich noch retten,
wenn es glückt,
in der Länge oder Breite,
schreiben, was mein Herz entzückt.

Dann verbindet uns zwar lose,
liebes weißes, leeres Blatt,
eine feine Symbiose,
wie die Natur sehr viele hat.

## Der Igel und die Igelin

Ein Igel hatte sich getraut,
und nahm 'ne Igelin zur Braut.

Er wollte die Braut
auf Biegen und Brechen,
auch wenn die Stacheln,
kratzen und stechen.

Nun liegen beide im Winterschlaf
und sind die Stacheln noch so scharf,
so können sie nicht stechen.

Erst im Frühling,
wenn Knospen aufbrechen,
werden aus Liebe
die Beiden sich stechen.

## Wie einst Lilli Marleen

Ein Kind war ich damals.
Am Volksempfänger
hörten wir täglich das Lied,
es berührte mich tief,
wenn für alle Soldaten
in fernen Landen,
„Grüße aus der Heimat"
über den Sender lief.

Es war ja Krieg.
Für Freund und Feind
war die Heimat weit,
unendlich fern
und hörte gern.

Alle Soldaten,
die in Schützengräben
auf Briefe warteten,
lauschten still,
wenn das Lied erklang,
wenn Lale Andersen
so wundervoll sang,
von der Laterne,
und der Lilli Marleen,
in vielen Augen
waren Tränen zu sehn.

Manchmal schwiegen die Waffen,
bei Freund und Feind,
für wenige Minuten war man vereint.
Radio Belgrad in deutscher Hand,
spielte das Lied,
Lale Andersen sang.

Man lauschte einer Melodie,
ließ sich davon in die Heimat tragen,
von der Liebsten träumen,
alle Sehnsüchte wagen,
um die Seele zu wecken,
hervor zu treten,
man möchte beten
um Frieden,
nach Freunden suchen,
den lieben.

Nur den Klängen lauschen
und während dem
sich auszutauschen,
Erinnerungen
in glühenden Farben schildern,
schöner als Künstler es könnten
in Bildern.

Die Liebe soll siegen,
Schluss mit den Kriegen,
nicht morden und rauben,
putzt nicht mehr die Waffen,
lasst sie verstauben
in Arsenalen,
es sind dann Museen,
um abzuschrecken,
nur noch zu sehen.

Jetzt will ich nicht mehr
Ereignisse schildern,
die im Krieg der nächste Tag,
schlimmer als der Verstand es wagt,
den Menschen wieder zugefügt,
es hat noch nie Vernunft gesiegt.

Wie viele hörten abends noch gerne,
Kaserne, Laterne,
Lilli Marleen,
sie sahen den Mond noch
und funkelnde Sterne,
doch oft nie mehr wieder
die Sonne aufgehen.

Vor den Kasernen in aller Welt,
stehen Laternen,
sie erhellen das Pflaster,
aber nicht die Welt.

## Die Wende

Eine Wende kommt erst am Ende,
sinnierte ein Mann, bevor er begann:
Nichts geht mehr,
warum gehe nicht ich?
Ist denn alles so fürchterlich?

Ich begreife erst allmählich,
es konnte immer jedermann,
weil ich weich war oder dämlich,
mit mir machen was er wollte.

Jetzt begreif ich
und ich sollte,
mich doch wehren,
denn ich zollte,
allen Menschen
immer vielfach
was sie gaben,
ungehört blieb mein Begehren.

Mir wird jetzt erst
schmerzlich klar,
dass ich immer Opfer war.

So dachte er und ging dann wieder
zur Tagesordnung hin,
nein - über.

## Einfacher ist es

Einfacher ist es über das Wetter zu schreiben,
über eine Reise, oder einen Besuch im Zoo,
kritisch ist, schreibt man über sich,
seine Stimmungen, Gefühle, oder lass das und so.

Besser ist meistens
man bleibt verhüllt,
stellt nicht seine Blöße bloß,
er zeigt lieber sein Gesicht
als den Blick in seinen Schoß.

Hat man einen Menschen
nämlich scheinbar durchschaut,
weil man es gern glaubt,
verliert er an Wert
steht zum Abschuss jedem offen,
braucht auf Gnade nicht mehr zu hoffen,
die ist dann auch nur Mangelware,
noch seltener als Männerhaare.

## Heutiger Tag

**E**r geht auch vorbei,
wie all die Tage,
gar keine Frage.

**W**ie dem auch sei
ein Tag wie viele,
doch schwer wie Blei
drückt auf mein Gemüt,
was uns allen noch blüht.

**G**anz ohne Frage,
es ist halt ein Tag
wie alle Tage.

## Weihnachtsgedicht

Weihnachten 1947.
Seine sogenannten Pflegeeltern, Horst Wiersna und seine Frau Friedel, wohnten nun schon über ein Jahr in Ledde, bei dem Bauern mit Werner in zwei kleinen Zimmern. Geschenke konnte man sich nicht machen, und deren Sohn Reinhold war noch in russischer Kriegsgefangenschaft. Durch seine Erfahrungen auf der Bühne, die er zum ersten Mal in den Sommermonaten '47 kennen gelernt hatte, setzte sich der Junge hin, schrieb über die Beiden ein Gedicht und trug es am Heiligen Abend den Beiden vor.

Mein Onkel ist ein Ehrenmann
und steckt sich gern ein Pfeifchen an.

Sein Pfeifchen ist nicht allzu klein,
da geht schon ordentlich was rein.
Nicht gut ist es an solchen Tagen,
wenn mal kein Tabak ist zu haben,
dann geht verdrießlich er einher
und denkt: „Wenn doch bloß noch Tabak wär".

Die gute Tante dann, oh Glück,
hielt Tabak für die Not zurück,
den sie ihm an guten Tagen,
wenn mal Tabak war zu haben,
heimlich wegnahm,
Blatt für Blatt,
bis er nur ein bisschen hat,
den versteckt sie in der Eck
und sagt: „Ist der schon wieder weg?
Da hast Du aber viel geraucht"!
Den Satz hat sie schon oft gebraucht.

Der Onkel aber gar nicht dumm,
wühlt die ganze Wohnung um,
findet den Tabak in einer Eck,
raucht allmählich alles weg.

Die Tante wundert sich dann sehr:
„Wo hat er denn den Tabak her?".

Lieber Onkel, lass dir sagen,
darfst in den Nöten nicht verzagen,
der Reinhold wird schon wieder kommen,
die Not hat dann ein End' genommen.

Im Jahr 1948 kam dann auch tatsächlich der Sohn aus russischer Kriegsgefangenschaft zu seinen Eltern zurück, die nach der Flucht und Vertreibung mit ihrem Pflegekind im Westen Deutschlands in Ledde eine neue Heimat gefunden hatten. Fast vierzig Jahre später, in den 90er Jahren, stand dann Reinhold, der Sohn seiner damaligen Pflegeeltern, vor Werners Tür und gab ihm das Blatt mit den Versen wieder, mit den Worten: „Ich glaube, bei Dir ist es besser aufgehoben, meine Eltern sind tot, und da ich auch bald gehen werde, ist es für Dich sicher noch ein Andenken". Er hatte Werner sein ganzes Leben lang als Bruder betrachtet, nach dem er aus der Gefangenschaft zurück kehrte und wieder bei seinen Eltern war, und ist unvergessen geblieben.

## Vor der Linse

Er posierte wohl geschickt,
vor der Linse, bis es klickt,
ahnt was der Beschauer denkt,
hat sein Lächeln ihm geschenkt.

Auf dem Haupt die weißen Haare,
lassen schon erkennen,
er kam neulich in die Jahre,
noch nicht in sein letztes Hemd.

Die Bemerkung war nicht niedlich,
stell ich fest,
doch unterschiedlich,
denken die Betrachter,
alle die ihn näher kennen,
rufen „Ei, jetzt lacht er".

## Nebelschleier

Er hält das Messer mit beiden Händen,
die spitze Klinge berührt den Bauch,
steht nahe am Fenster, schaut in die Ferne,
er spürt den Druck und leider auch
ganz tief im Herzen
dumpf die Schmerzen,
sie möchte er treffen,
am Schicksal sich rächen.

Die Klinge, der Schaft,
der Druck seiner Hände,
gleich ist es geschafft,
dann ist es zu Ende.

Als der Tag sich neigte,
und wundersam
die Sterne hell am Himmel standen,
Nebelschleier vor dem Berge,
wie Schleier sich
um Bäume wanden,
sah aus dem Fenster nicht mehr,
ein Augenpaar zu ihnen her.

Die Arme verschränkt,
über dem Haupt
liegt er auf dem Rücken,
die Augen geschlossen,
was er wohl jetzt denkt,
viel Zeit ist schon
inzwischen verflossen.

## Das ist Sturm

Er presst die Kleider an den Leib,
wie Schüsse knallt der Regen
sehr schmerzhaft ins Gesicht.
Es strömt wie Gischt über die Haut.
Es peitscht, es dröhnt,
es donnert, es zischt
es zerrt, es fetzt,
es reißt und bricht.

Man fürchtet sich. Spüre die Macht!
Die Elemente sind aufgebracht.
Sie sprengen alle Dimensionen,
die Hölle ist los, sie wird keinen schonen.

Orkane toben über die Erde,
um den ganzen Erdenball.
Feuer, Wasser, Sturm,
zeigen dem Menschen,
einem Erdenwurm,
seine Kleinheit in voller Größe,
seine Nacktheit und Blöße.

Er ist nur ein Wurm und all sein Tun
wird wieder zunichte,
er kam und ging lehrt uns die Geschichte.

Die Macht der Natur ist grenzenlos
und in dem großen Orchester,
spielt heute der Sturm fortissimo,
er dominiert und ist Bester.

## Der gute Geist

Er schaut irgendwo hin,
oder ins Leere,
sucht er seinen Engel,
den guten Geist,
der ihm in schweren Stunden,
den Weg aus dem Elend,
in eine bessere Zukunft weist.

Sie schaut entspannt,
friedlich, heiter,
den Mund leicht geöffnet,
ich gehe noch weiter,
sie wird gleich lächeln,
ihn damit beglücken,
wird er ihre Augen,
die strahlend blauen,
gleich freudig erblicken.

Menschliche Wärme,
ist wie eine Therme,
die sonst dem Körper
Wohltat beschert,
sie ist die Flut,
die sein Wesen spürt,
tief berührt.

Streben und Weben,
an Gefühlen, Gedanken,
auch nicht vergessen
guten Geistern
zu danken.

## Die Abendsonne

Er steht in der Tür
gelehnt an den Rahmen.
Sie spielt Gitarre
und sollte nichts ahnen.

Sie merkt auch nicht,
die Abendsonne küsst ihr Gesicht.

Er lauscht den Tönen,
den Reinen, den Schönen,
mal klingt es nach Perlen,
dann rinnen Tränen.

Sie merkt noch nicht,
die Abendsonne küsst ihr Gesicht.

Sie zupft die Saiten in klanglicher Fülle
und liebliche Weisen verdrängen die Stille.

Sie merkt noch nicht,
die Abendsonne küsst ihr Gesicht.

Der Wohlklang der Stimme,
verwirrt seine Sinne.
Er lauscht den Tönen,
den Reinen, den Schönen.

Jetzt wär er mit Wonne,
gern die Abendsonne
und küsste wie sie
dies liebe Gesicht.

## Erinnerungen

Erinnerungen sind nicht verklungen,
sie leben in uns ihr Eigenleben,
sie sind oft Leitbild unseres Lebens.

Man lebte,
erlebte doch nicht vergebens,
wir sind geprägt,
durch Erfahrungen klug.

Es hat uns geformt,
noch nicht genug:
Wir sind Abbild des eigenen Lebens,
manchmal Opfer
des eigenen Wesens.

## Erleben

Es hat in meinem Leben,
die seltsamsten, auch schönen,
Dinge zum verwöhnen,
ach, so viel gegeben.

Aber auch entsetzliches,
trauriges, verletzliches,
Abschied,
Trennung,
Traurigkeit,
Herz, Schmerz
und Seelenleid,
hat es auch gegeben.

C'est la vie!
(So ist das Leben)

Das hat dann tiefe Narben,
im Kopf, im Herz
und in der Seele,
tief und fest sich eingegraben.

Mit einem Achselzucken,
wird manch einer,
auf diese Zeilen gucken,
das macht mich noch kleiner.

Ich schau mich noch um,
es erfüllt mich mit Trauer,
verschwinde im „Turm"
und bin wieder mal sauer.

## Es soll immer Menschen geben

Was spricht dafür?
Was spricht dagegen?
Da sind Menschen in bunten Gewändern,
Blumen im Haar,
wunderbar!

Lachende Kinder,
bunte Bälle,
natürlich muss es die Menschen geben.

Kulissenwechsel.
Der zweite Akt
Die Menschen in anderen Gewändern,
uniformiert, vom Staat delegiert,
gehen an die Front.

Wer kann das ändern?
Zu Lande, zu Wasser und in der Luft
sprechen die Waffen,
die Opfer schaffen.
Heut stirbt's sich viel schneller,
viel rationeller.

Da können Naturgewalten,
die auch ihr Festmahl halten,
wie Dürre, Feuer, Hungersnot
und was sonst noch
der Menschheit droht,
dem Menschen nicht
das Wasser reichen,
zählt mal die Leichen.

## Es wäre besser…

Es wäre besser, ich ließ es bleiben,
ich sollte nicht in dieser Stimmung schreiben.
Stimmung ist auch nicht das richtige Wort,
es kann auch für schöne Stunden stehen,
an diese kann ich mich kaum noch erinnern,
ich kann zurzeit, nur alles in grau,
weit entfernt im Dämmerlicht sehen.

Die meisten Menschen die ich vermisse,
kann ich niemals mehr erreichen,
sie sind nur noch Erinnerungen
die verblassen und verbleichen,
ihre Stimmen sind verklungen.

Ich sage No zum vember, und A zum pril,
weil dann die Natur, wie ich es will,
wieder Farben hat, die dunklen Nächte habe ich satt,
einfach satt.

Weih -Nächte, De- im zember liegen,
werden mit Kerzen zwar etwas erhellt,
doch Kerzenlicht, bringt leider nicht
genügend Licht in meine graue dunkle Welt.

Es hat geschellt, ich mache Licht,
das wundersam meine Welt erhellt,
ich sehe strahlende Gesichter,
es wurde hell und immer lichter,
ringsum Leben, man wird mich entführen,
um einen zu heben.
Retter in Not sollte es immer geben.

## Gedanken zu Weihnachten

Früher war Weihnachten nur zwei Tage.
Heute weihnachtet es Wochen
und wird manchem zur Plage.
Es ist nur noch Konsum,
schau Dich doch mal um.
Wo ist noch die Stimmung,
die weihnachtlich war?

Vor der stillen Nacht das laute Trara.
Es kommt nicht mehr zu uns Gottes Sohn,
der für die Christen das Heil sonst war.
Das Fernsehen ist zuständig
für den Spott und Hohn,
den sie ergießen, über Mutter Maria
und deren Sohn.

Wenn uns auch klar ist, dass manches nicht wahr ist,
in vielen Religionen, dann möge doch der Teufel holen,
alle die Spötter, die Gefühle verletzen
und Hoffnungen nehmen,
allen Jenen, die noch den Glauben haben,
auf ein himmlisches, nach dem irdischen Leben.

## Eine unerbauliche Predigt

‚Fürchtet Euch nicht!' steht in der Schrift,
doch ohne Fürchten, da geht es halt nicht.

Vorsicht ist die Mutter der Angst,
Ahnung ist wie ein sechster Sinn,
wenn Du um Dich und Deine Nächsten bangst
dann folgst Du ihnen und gibst Dich hin.

Ständig zu hören was ringsum geschieht,
uns allen vielleicht noch irgendwann blüht,
schürt nur die Angst, Du musst es wissen, es glauben:
Das Gute im Menschen soll man nicht rauben.
Es hat uns beschwert
weil andere uns das Fürchten gelehrt.

Die Menschen sind oft allein unsere Feinde,
drum seid auf der Hut, liebe Gemeinde.

## Gedanken

**D**ie Gedanken sind frei,
so frei wie Du willst.

**S**ind Gefühle dabei,
die sich um vieles ranken,
ist deine Freiheit doch
in Wirklichkeit nur,
in deinem Innern
und nur in Gedanken.

## Ende gut, alles gut

Ein gutes Gewissen
hat nie ein Mann,
der lügt und betrügt,
der Gefühle verletzt,
die Armen verachtet,
nur nach Vorteilen trachtet,
am Schwachen sich wetzt.

Wer heuchelt und lügt,
seine Partner betrügt,
auch sonst im Leben
nur über Leichen geht,
hat der umsonst gelebt?

Er hinterlässt Scherben
und oft reiche Erben.
Die Erben von solchen,
sagen wir: Strolchen,
können damit dann auf ihre Weise,
laut oder leise,
Gutes tun,
da Geld nicht stinkt
und Lorbeer winkt.

So kommt Gutes später,
durch das Erbe der Väter.
Die Moral von der Geschicht,
ich denke nach -
und find sie nicht.

## Politiker

Wir alle wissen,
das Leben ist kurz
und meistens besch…eiden,
das Wort, das sich reimt,
möchte ich meiden.

Politiker sind wie Tauben,
das können Sie mir glauben.
Es ist doch bekannt,
sind sie ganz unten
fressen sie Dir aus der Hand.

Sind sie aber oben,
das kann jeder wissen,
wird denen die unten
auf den Kopf geschissen.

## Theater, Theater

1. Akt

Ein Schrank im Zimmer birgt die Kostüme,
die ich für die Bühne des Lebens brauche,
stehe ich davor, entscheide ich immer,
in welche Rolle ich gleich tauche.

Ich kleide mich dann angemessen,
den Umständen gut angepasst,
und werde nie dabei vergessen,
das man verachtet oder hasst,
wenn schon das Äußere nicht passt.

Da ich ein Mensch wie Du und ich,
meide ich geflissentlich,
in einer Rolle aufzufallen,
denn in der Reihe der Statisten,
bin ich einer nur von Vielen,
die nicht aus ihrer Rolle fallen.

Meistens löst sich das Problem,
locker, leicht und angenehm,
weil man durch Erfahrung klug,
zielgerichtet Kleidung trug.

Leider bildet eine Meinung
über jedes Menschenkind,
zuerst die äußere Erscheinung,
man macht von ihm sich erst ein Bild.

## 2. Akt

Es zwingt uns das Leben, in vielen Rollen aufzutreten.
Wir sollen und wollen stets das Beste,
auf der Bühne des Lebens von uns geben.

Ich spielte das Kind, den Knaben und dann,
die schwierigste Rolle im Leben, den Mann.
Man kann erwarten, dass dann der Mann,
was man von ihm fordert auch leisten kann.

Es gibt keinen Vorhang für das Lebenstheater,
die Bühne des Lebens ist immer offen,
kein Regisseur ist Dein Berater,
der nächste Akt ist noch ungewiss,
auf einen guten Verlauf sollte man immer hoffen.

Ein „Istling"

„**W**as ist"
scheint klar,
ich erlebe es ja.
„Was war"
steht im Geschichtsbuch,
und ist nachlesbar.

„**W**as wird"
steht in den Sternen,
daran arbeitet
„Was ist".

„**W**as wird"
scheint oft klar,
denn „Was ist"
lernt aus
„Was war".

**I**ch bin ein Istling,
ein Erdling,
ein Binling,
und lernte Geschichte
und kenn manchen Mistfink
schon aus „Was war",
und jetzt aus „Was ist",
und frage die Sterne,
die Sonne, den Mond,
hat sich „Was war"
für „Was ist" gelohnt?
Damit das „Was wird"
sich für die „Wirdlinge" lohnt?

## Gegensätze

Gegensätze zieh'n sich an,
das stimmt vielleicht bei Frau und Mann.
Doch Himmel und Hölle
sind zu sehr verschieden,
das erste erstrebt,
das zweite gemieden.

Nicht das Gesocks, und die Elite,
das eine brauchbar, das andere Schiete.

Damit auch zusammen mal etwas tauge,
passt Schimmel zu Käse und die Faust aufs Auge.

Wie der Rauch zu der Zigarre,
passt die Kugel zu der Knarre,
die sich voneinander trennen,
die Kugel mit Knall, der Rauch beim Brennen.

Wie ein Deckel auf den Topf,
trifft's den Nagel auf den Kopf.
Strittig wird's beim Für und Wider,
da ist es wie beim Auf und Nieder.

So könnte ich mit Beispielen prassen,
suche aber eine Wende,
bei etwas zu tun,
oder zu lassen,
entscheide ich mich
für das
Ende.

## Mantovani und seine verzauberten Geigen

Es ist kaum zu beschreiben.

Nicht Erinnerungen an Erlebnisse
aus vergangenen Zeiten,
die an meinen inneren Augen
vorüber gleiten,
nehmen mich in diesen Momenten
unsagbar gefangen.

Viele Jahre sind so schnell vergangen
und ich lausche den Tönen
der verzauberten Geigen,
ich schwebe körperlos mit der Musik
den himmlischen Reigen.

Alles Irdische des Lebens
weicht sanft und leise,
darüber breitet sich Ferne
und ihr Schweigen.

Lautlos, sanft, mit mir verbunden,
gleitet der Wagen über Berge und Täler,
genieße voll Sehnsucht
unsagbarer Gefühle
herrliche, himmlische Stunden.

Mantovani und seine verzauberten Geigen
erzählen von Liebe,
Sehnsucht, süßen Schmerzen,
sich finden, erleben, verlieren,
erfüllen mich ganz,
ich spür es im Herzen.

Es möchte zerspringen,
sich mir entwinden
im Siegerkranz
sich zum Himmel schwingen,
fast schmerzhaft und heftig
erbebt das Herz.

Auf der romantischen Straße
im Herzen Deutschlands,
ringsum die Berge
auf denen der Wein heut Sonne tankt,
gleiten wir leise,
mein Wagen und ich
verträumt dahin.

Ich lausche den Geigen
die so machtvoll klingen,
sie jubilieren und singen,
wie ganze Engelscharen
und vergesse dabei,
dass Mantovani
und seine Streicher
schon nicht mehr sind,
aber dem Himmel sei Dank,
es einmal waren.

Es klingt noch heute
zauberhaft süß,
erzählen die Geigen
von dem Lied aus Paris.

## Gegenwart

Gegenwart ist der Kopf einer Schlange,
deren langer Körper
die Vergangenheit birgt.
Sie zeichnet er auf.

Sie wird sich winden,
wenn er in sie dringt,
trotz gebotener Vorsicht
damit sie nicht stirbt
und nachher stinkt.

„Man sollte negativem Denken,
niemals zu viel Beachtung schenken,
wenn heute Leben, Liebe, Hoffnung,
Dich umgeben" spricht es in ihm.

Gegenwart. Er nimmt sie kaum wahr,
ein Stimmengewirr wird sie übertönen,
ihn wieder verhöhnen,
in Zweifel stürzen,
die Worte würzen,
die schildern werden
Segen und Fluch,
und Rechnung zollen,
allem in allem
dem Leben auf Erden.

Bleibe nicht stumm! Individium!

Er schaut ins Leere, nimmt kaum wahr,
die Gegenwart.
Nur noch verschwommen,
ohne Konturen,

erscheint ihm die Welt,
alles steht still,
scheint er zu empfinden,
auch alle Uhren,
scheinen zu stehen,
weil er es jetzt will.

In ein Meer der Gefühle,
lässt er sich fallen,
es scheint unendlich.
Stürme toben,
dunkle Wogen,
erfassen ihn,
zerren und reißen,
er muss sie spüren,
sich ihnen ergeben,
denn sie verheißen
ihm Ungemach,
welches in seinem Leben,
in Intervallen,
oft schmerzhaft und heftig
ihn fast zerbrach.

Die Zeit heilt Wunden,
die Narben bleiben in seinem Innern.
Er wird sie nie zeigen
um nichts zu verschlimmern
und sagt sich noch schwach
„Schwamm drüber" und schaut zur Uhr,
sie geht jetzt wieder, und ist wieder wach.

## Lebensbecher, Giftbecher

Gifte heilen oder berauschen,
und sind beliebig auszutauschen.

Gifte töten auch jedermann,
es kommt auf die Dosierung an.

Auch Leben ist Gift, der Name für Tod,
die andere Seite vom Leben,
jeden Tag setze ich den Becher an,
mir einen Trunk zu geben.

Ehe ich den letzten Becher trinke,
möchte ich frei von Zwängen,
die mich bedrängen
mich quälen,
beengen,
keinen Zwang mehr empfinden,
der Furchen zog
in des Gehirnes Rinden.

## Ein Requiem von Verdi

Herrliche Melodien rühren mein Herz.
Davon tief ergriffen sitze ich still.
Was ist das nur für ein süßer Schmerz,
der mich überfallen will?

Das Orchester, der Sänger,
der große Chor, erfüllen die Luft,
die Zeit und den Raum.
Die Melodien schmeicheln dem Ohr,
die Welt um mich verspüre ich kaum.

Es werden in mir Gefühle geweckt,
sie schienen vergessen und begraben.
Sehnsucht, Liebe, Freunde haben,
verborgen tief in der Seele steckt.

Jetzt werde ich die Augen schließen
und horche tief in mich hinein
werde die Musik genießen,
die Stimmung und ein Mensch zu sein.

## Alles Gute kommt von oben

Gottes Segen,
warmer Regen,
Bombenhagel,
oft fehlt nachher
Sarg und Nagel.

Bagdad liegt am Tigris
und Dresden an der Elbe,
das Schicksal dieser Städte,
war teilweise dasselbe.
Sie wurden befreit
am Eufrat und Elbe
von ihrem Diktator,
es ist immer dasselbe.

England und Amerika
sind für solche Fälle da.
England hatte Winston Churchill,
die USA den Roosevelt,
für Dresden an der Elbe.

Für Bagdad
gab es Toni Blair
und Dabbelju Bush
mit seinem Heer,
alle taten dasselbe.

Nur keinen Frieden am Eufrat
jedoch an der Elbe.

## Halte den Gedanken fest!

Halte den Gedanken fest,
fange an ihn zu verwerten,
füll mit dem Gedankenrest,
einem Pflänzchen,
große Gärten.

Denn das Leben ist ein Born,
damit fülle ich den Becher
und genieß in vollen Zügen,
wie ein lebensfroher Zecher.

Jetzt kommt nicht ins Grübeln,
wozu all die Zeilen?

Man soll nicht verübeln,
wenn sich mal zuweilen,
ein Mensch bemüht,
das ein menschliches Antlitz
sich zu einem Lächeln verzieht.

## Hinz und Kunz

Hinz und Kunz
erfahren es wieder,
wird Tinte zu Brause
und schäumt mit mir über.

Das bleibt kein Geheimnis
und nicht unter uns,
das weiß bald schon wieder
Hinz und Kunz.

Egal wo man ist,
wohin man geht,
Hinz und Kunz
am Wege steht.

Da kannst Du Hinz und Kunz befragen,
alle können dir schon sagen,
sie haben Hinz und Kunz gesehen,
die gibt es auf der ganzen Welt,
wo sie gehen, wo sie stehen
hat man Hinz und Kunz gesehen.

Hinz und Kunz wird eingeladen,
Hinz und Kunz kann man befragen.
Auch das hier bleibt nicht unter uns,
Das weiß bald wieder:
H i n z und K u n z.

## Unikat

Ich bin nur noch der Ständer,
für Kleider und Gewänder.
Ich bin ein Unikat
das keinen Wert mehr hat.

Das kann man auch nicht ändern,
wie möglich bei Gewändern.
Ich bin auch nicht zu wenden,
wie soll das einmal enden?

Ich bin ein Unikat,
das keinen Wert mehr hat.

Schlecht sehen kann ich gut,
gut hören aber schlecht,
das möcht ich auch nicht ändern,
so bin ich nie mehr Knecht.

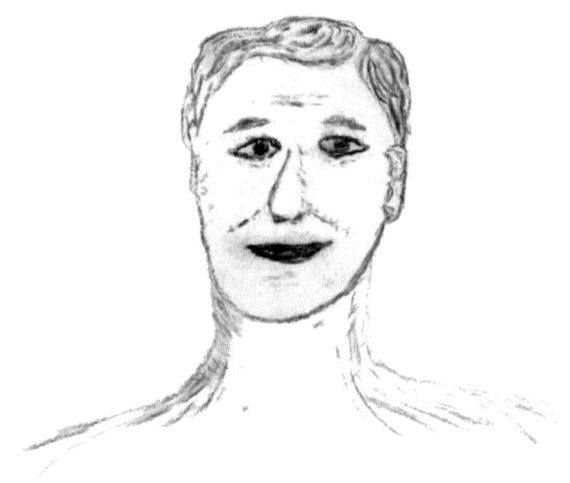

Aus dem Urlaub zurück wieder am PC

Ich habe wieder
in Dich hineingeschaut,
um mich zu erinnern,
bin wieder vertraut
mit Dir, mein PC.

Wie ich seh:
Du hast meine Gedanken gespeichert, bewahrt,
in Karteien geordnet,
wie es Deine Art.

Wenn ich mit der Maus
zu Dir klicke
die Tastatur bediene
Dir Buchstaben schicke,
dann bist Du aktiv,
kontrollierst mich sogar,
zeigst mir Worte und Sätze,
auf deinem Schirm
Du bist wunderbar.

Uns beide verbindet Technik und Geist,
als eine Symbiose,
die mir stets verheißt,
wir brauchen einander,
mein Lieber,
mein Gegenüber,
ich setz Dich in Gang,
vertraue dir
und schreibe wieder.

## Die Wolke

Ich möchte eine Wolke sein,
und über Ledde ziehn,
dann würde ich die Blumen gießen,
mich freuen wenn sie blühn.

Ich möchte mal ein Lüftchen sein,
eine leichte Brise,
dann ließe ich die Drachen steigen,
für Kinder auf der Wiese.

Ich möchte mal ein Vöglein sein
und zu der Wolke fliegen,
dann kehr ich bei mir selber ein,
würd in dem Wind mich wiegen.

Wär ich die Wolke,
das Vöglein, der Wind,
wär ich auf der Welt
das glücklichste Kind.

## Zeit

Ich habe Zeit, aber sie reicht mir nicht.

Schreibe ich an einem Gedicht
und nehme mir Zeit bis ein Tag anbricht,
dann hab ich von der Nacht mir die Zeit geliehen,
dann fehlen schon wieder für die nächsten Runden,
nicht die Minuten, es fehlen dann Stunden.

Ich würde gerne Bücher lesen, Videos schauen,
nach dem Garten sehen, Regale bauen,
wo sie fehlen,
dem nächsten Tag die Stunden stehlen.

Möchte gerne Musik hören,
leise nur, denn ich will nicht stören.
Fotografieren, Bilder rahmen.

Wenn Freunde und Verwandte kamen,
sahen sie die noch leeren Wände,
dann war ich am Ende.

Man traut mir nicht zu
Geschmack zu haben.
Wenn sie sich bei mir
dann beim Essen laben,
dann kann man sich denken,
dass bei den Getränken Lücken entstehen,
dann muss ich mir Zeit für den Einkauf nehmen.

Ich treib gern Sport,
und muss dazu fort.
Es fehlen Stunden,
drehe im Wald so manche Runden,

konnte dabei nie Zeit gewinnen,
sie wird wie immer weiter verrinnen.

Und wenn ich weiter darüber schreibe
und dabei immer an Zeitmangel leide,
werde ich morgen
beim Nachbarn schellen um Zeit mir zu borgen.

Er wird selber bellen, denn er hat keinen Hund
und ich keine Zeit, die Erde ist rund.
Er wird mir sagen, er wäre in Eile,
und leide nicht an Langeweile.

Dann denke ich froh:
Anderen geht es ebenso.

Nun werde ich schließen,
Freizeit genießen,
keine mir borgen,
Himmel und Hölle, es gibt andere Sorgen.

## Lebenslauf

Man schiebt so manches vor sich her,
das Leben scheint darum oft schwer.

So löst sich leider kein Problem,
denn besser wäre es,
indem man alles gleich erledigen würde,
und schleppte nicht an jener Bürde.

Ich geb mir innerlich den Ruck,
und siehe da, im Ruck und Zuck,
bin ich plötzlich frank und frei
und kann mir wieder nebenbei
etwas auf die Schulter laden,
um damit davon zu traben.

So ist nun mal des Lebens Lauf,
hier legt man ab, dort hebt man auf.
Darum trage mit Würde
jedwede Bürde.

## Streit

Mir kocht das Blut,
wenn ich mich streiten muss,
ich find's nicht gut,
denn auch zum Schluss,
köchelt es weiter.

Denn halte ich ein,
weil kein Wort sich mehr lohnt,
hält mein Gegenüber
sich für gescheiter.

Er hat dann immer das letzte Wort,
und geht im Bewusstsein
als Sieger fort,
nur mir kocht das Blut
lange noch weiter.

# Krieg

Im Kriege gab es Fronten,
man stand sich gegenüber.
Tapferkeit gibt's nur im Krieg,
man hörte immer wieder:
Hast Du Deine Heimat lieb,
kannst Du dafür Dein Leben lassen,
Feinde musst Du hassen.

Fürs Vaterland zu sterben,
ist das höchste Gut,
sagte schon der Kaiser,
der eine Krone trug.

Die kam ihm zwar abhanden,
er ging in das Exil,
Millionen Menschen fanden,
in vielen fremden Landen
den Tod, sie waren Ziel.

Um Siege zu erringen,
den Gegner zu bezwingen,
die Heimat zu beschützen,
dem Vaterland zu nützen,
die Helden zu verehren,
sich gegen Unrecht wehren,
war man angetreten.

Man hatte Gott gebeten,
Feinde zu zertreten
und wunderte sich sehr:
Er folgte den Gebeten
und war auf uns getreten,
ein deutsches Reich

gibt es nicht mehr.

Mein ganzes Leben
schon frage ich mich:
Wird nicht zu viel sinnlos gestorben,
jeden Tag erfahre ich
von Horden die morden.

Man plant Kriege,
oder führt sie noch,
mit Schaufeln und Baggern
schafft man ein Loch,
eine Grube, einen Graben
und legt dort von Menschen
die sinnlos starben
deren Hüllen ab.

Der Mensch lebt, erlebt, ist wach und manches war schockierend, entsetzlich. Von seinem Bewusstsein des Erlebten speichert sein Erinnerungsvermögen auch das Unterbewusstsein und er ist traumatisiert und davon beeinflusst.


## In Kriegen gibt es unendlich Möglichkeiten ein Trauma zu erleiden

Will man darüber schreiben,
Filme drehen,
Dokumentationen,
hat man davon auszugehen,
dass man den Menschen findet,
der unter einem Trauma leidet.
Auf der Strecke bleibet,
seine Lebensgeschichte,
seine Berichte.

Das darf er nicht wissen,
der Traumatisierte,
sonst macht er nicht mit
den entscheidenden Schritt,
sein Seelenleiden
offen zu zeigen.

Mit einem Trick
muss man ihn stimulieren.
Man verdunkelt den Raum
seine Augen verlieren
jedes Ziel, jeden Halt.

Scheinwerferlicht
aufdringlich und kalt

fängt ihn ein,
sein Antlitz allein
in Großaufnahme
soll das Spiegelbild sein,
einer gequälten Seele.

Nun wird der Mensch,
ganz orientierungslos,
nicht ahnen was gleich geschieht.
Er hatte geglaubt,
er hatte gehofft,
dass er Schützenhilfe kriegt.

Nun ist er allein,
unsagbar verwirrt,
ihm fällt nichts ein
um zu beginnen,
Sekunden verrinnen.

Er wird überrascht mit einer Frage,
die aus der Dunkelheit ihn erreicht,
sein schwankender Gleichmut
gerät ganz aus der Waage,
man hatte das Ziel
sein Trauma erreicht.

Noch zögernd und stolpernd
wird er jetzt beginnen,
sein Innenleben zu offenbaren,
manchmal werden Tränen rinnen,
die auch zu erwarten waren.

## Möbel rücken

Jedes Mal wenn ich es tat,
rufe ich voll Entzücken:
„So ist es richtig, so ist es gut",
die anderen sagen:
„Warte mal ab."

Im Zimmer ziehe ich Kreise,
von Wand zu Wand, von Ecke zu Ecke,
in einer Weise, es soll sinnvoll sein,
entsprechend dem Zwecke.

Den Ansprüchen genügen, Räume sparen,
die Möbel wie ich, in den Wechseljahren.
Was heute hier steht, ist morgen drüben.

Ich muss rotieren, es am Leibe spüren,
meine Seele berühren,
sie erfreuen, an allem Neuen.

Andere reisen in alle Welt,
opfern Zeit und sehr viel Geld.
Sie lassen den Hund und die Möbel zurück,
vergessen dabei manch gutes Stück.

Während dem rücke ich weiter
strebsam und heiter,
die Möbelstücke, Stück für Stück,
um zu beweisen,
auch ich bin auf Reisen
und nehme meine Möbel mit.

## Leerlauf?

Kein Heizer, keine Kohle, kein Dampf.
Halbherzige Überlegungen, alles scheinbar nur Krampf.
Darüber eine Expertise?

Bewertung abwarten,
um zu verwerfen, oder zu starten?

Spurensuche in noch fernen Gefilden,
damit aus Splittern vieler Gedanken
sich wieder Mosaike bilden,
zu einem Bilde.

Für das was ich spüre,
und schmerzlich empfinde,
fehlen mir Worte,
ich spüre, ich leide,
alles was gut schien
verflog wie im Winde,
steh ich jetzt im Leben
an einer Scheide?

Ich habe gestrebt,
gekämpft und gehofft,
gelitten, verloren,
leider zu oft.

Nun ist alles vorbei,
habe es hinter mir,
viele gingen,
ich bin noch hier.

## Der Eichenpark

Meine Gedanken wandern des Weges,
führen mich hin an jene Orte,
die emotional mich aufgerüttelt,
für viele Gefühle fehlen mir Worte.

Jahrzehnte habe ich abgeschüttelt,
die inzwischen vergingen,
Erinnerungen werden lebendig,
die jetzt in meine Gegenwart dringen.

In Breslau saß ich im Eichenpark
wieder auf einer Bank,
und spüre wie damals
vor sechzig Jahren
das Kind in mir,
und mir gelang
sie zu spüren,
die Lust zu laufen,
sich balgen und raufen,
wieder Blumen zu pflücken,
um voll entzücken,
sie der Mutter zu geben,
sie musste sie tragen,
um später zu Haus
sie zu beleben,
wenn die Köpfchen hingen.

Wenn wir dann des Abends
zu Bette gingen,
standen sie wieder frisch
auf dem Wohnzimmertisch.

## Im Biergarten

Man hört Stimmen, Rufe und Gelächter,
sieht weit und breit keinen Kostverächter.

Man sieht wie die Männer an den Tischen
sich den Schaum vom Mund ans Beinkleid wischen.

Der Himmel ist blau und schon rot manche Köpfe,
die Kleider sind bunt und man sieht auch die Zöpfe,
wie sie Maler und Künstler gerne tragen.
Ein Statussymbol, sehr einfach zu haben.

Die Intellektuellen, das wirkt sehr apart,
zeigen so ihren Feingeist auf ihre Art.

Jetzt würde ich gern ein Mäuschen sein
und den Gesprächen lauschen,
wie sie bei Bier statt edlem Wein,
an Geist und Worten sich berauschen.

Dort sitzen die deren Köpfe rasiert,
gut durchtrainiert, die Glatzen poliert!
Ein Statussymbol, sehr einfach zu haben.
Stell keine Fragen.

Sie heben sich und das nicht zu knapp,
von den übrigen Gruppen bedeutungsvoll ab.
Mit der Glatze wirken sie sehr robust,
als hätten zum Prügeln sie immer Lust.

Sie sind heute in Stimmung und durchweg friedlich,
da ich ein Maß intus, find ich sie schon niedlich.

## Weine!

Mir ist nicht zumute über solche zu reden,
obwohl sehr viel für Weine spricht,
wenn die Sonne, den Trauben der edlen Rebe,
die Öchsle bringt durch das Sonnenlicht.

Oft sind es Weine, die sein Leben begleiten,
dem Mensch noch alleine einziger Trost,
wenn dann beim genießen,
Gedanken sprießen, oft Tränen fließen,
sagen sie Prost!

Rät sich der Mensch:
„Weine" und ist beschwipst,
weint er beim Weine, oft hat es genützt.

Nach jedem Schluck Wein,
wobei Tränen fließen,
schwindet ein Druck,
es erleichtert sein Herz,
Seelenschmerz schwindet himmelwärts.

Beim Weine weinen,
und das im Rausch,
tauscht man mit Freunden Gedanken aus,
gibt es oft Klarheit:
Im Wein liegt die Wahrheit.

## Ist ja egal

Man sagt es oft, zumeist resigniert,
was auch immer passiert.
Tief im Innern wird es zur Qual, sagt man die Worte:
Ist ja egal.

Man will nicht denken, hatte alles verloren,
versank im Unglück bis über die Ohren,
hatte keine Wahl und sagt die Worte:
Ist ja egal.

Man wurde getäuscht, hinters Licht geführt,
man ist verletzt, davon tief berührt,
sitzt im Jammertal und sagt resigniert:
Ist ja egal.

Man will überwinden,
zu sich wiederfinden,
Schmerzen verschmerzen,
Trauer und Wehmut nagten am Herzen.

Man ist nicht entzückt, wenn es missglückt,
aber sagt allemal:
Ist ja egal.

Gibt man auf, endet sehr schnell ein Lebenslauf.
Er wurde zur Qual, und man sagt resigniert:
Ist ja egal.

Ich lese die Worte zum zehnten Mal
und schreibe darunter:
Ist ja egal.

## Der Zyniker

Man wird als solcher nicht geboren,
vielleicht hat das Leben, wie er es erlebte,
ihn dazu erkoren.

Er gibt auch nicht zu ein solcher zu sein,
er meint, er wäre kritisch
und glaubt sich im Recht,
doch was er sagt,
klingt meistens gemein,
man vermisst den Instinkt
und das ist schlecht.

Er stößt Menschen vor den Kopf,
spuckt oft Gift und Galle,
fasst jede Gelegenheit beim Schopf,
trifft den einen, oder alle.

Ein Zyniker kommt selten zur Ruh
nimmt auch jede Gelegenheit aber wahr,
denn einem von vielen passt immer der Schuh
und begreift entsetzt was ihm geschah.

Zynismus in Humor verpackt,
Sarkasmus inklusive,
hat Unheil und Verruf gebracht,
schafft Sturm und keine Brise.

Zynismus trifft meist unverdient,
oft praktiziert von Neidern,
man kann sie erkennen an ihrer Art
und nicht an ihren Kleidern.

## Gefährliches Leben

Man weiß nie im Leben
wie spät es ist,
für manches im Leben
vielleicht schon zu spät,
wenn rechts und links
der Schnitter Tod,
aufrechtes Leben gnadenlos mäht.

Es ist nicht wie im Krieg,
wo mancher Soldat,
durch Erfahrungen klug
zu berechnen vermag,
wo die Einschläge landen
und die Erde hoch spritzt,
worauf er geschwinde
aus dem Graben flitzt,
den er zum Schutz sich selbst gegraben,
um weiter am Leben teilzuhaben.

Ab einem bestimmten Lebensalter,
seien wir mal ehrlich,
schützt uns wenig,
auch kein Schützengraben,
es lebt sich dann ziemlich gefährlich.

Man kann so denken
und es für sich behalten
und lieber dem Schöpfer
 für das Leben danken,
dass er uns gegeben.

Wir erhielten das Leben
und haben es dann

auf natürliche Weise weiter gegeben
an unsere Kinder
und sollten negativem Denken
ganz ernsthaft gesagt
keine Beachtung schenken.

## Mein lieber Freund!

Mein lieber Freund,
schon lang ist es her
dass wir zusammen saßen,
wir konnten plaudern
oder schweigen,
gingen durch dunkle Straßen.

Mein lieber Freund,
schon lang ist es her,
dass wir wanderten oder reisten,
und in vielen deutschen Landen
nach Landessitte speisten.

Mein lieber Freund
wie lang ist es her,
dass wir weinten oder lachten,
oder mit unseren anderen Freunden
Tag und Nacht verbrachten?

Mein lieber Freund,
so manche Stunde
verbrachten wir gemeinsam,
so manchen Pokal
haben wir geleert,
wir waren niemals einsam.

Mein lieber Freund,
Du warst immer da,
wir lösten gemeinsam
manche Probleme,
zu Dir kam ich gern,
ob von nah oder fern,
Du weißt, wonach ich mich sehne.

Mein lieber Freund,
Dich hat es nie gegeben!
Ein Leben lang
hab ich nach Dir gesucht.

Keine Mutter
schenkte Dir ein Leben.
Ich hab eine Reise
zu Dir hin gebucht.

Im Jahr 1969 arbeitete ich in Köln-Deutz bei Wallbur-
ger, und schrieb in ein Notizbuch:


Arbeit

Mit Arbeit ist es so auf Erden,
sie kann sehr leicht zum Laster werden.

Du kennst die Blumen nicht, die duften,
Du kennst nur arbeiten und schuften.

So gehen sie hin, die schönsten Tage,
schließlich liegst Du auf der Bahre
und hinter Dir, da grinst der Tod,
kaputt gebrasselt, Du Idiot.

## Ortsbestimmung

Nicht unten, nicht oben,
lebt er vielerorts
mittendrin, in seinem Vulkan.

In der Tiefe des Wesens brodelt es heftig
wächst aus dem erlebten,
erlittenen, getretenen,
geschundenem Herzen, die Lava an,
wie ein Vulkan.

Im Wirrwarr der Sinne Gedanken kreisen,
gebären neue, ohne Stimme.
Artikulieren, um nicht zu verlieren
können, wollen, dürfen sie nicht.

Er droht zu ersticken,
in Augenblicken,
des Lebens und Leidens,
Verzichtens, Bescheidens.

Alles ist nichtig für seine Umgebung
keinem zu wichtig.
Dieser Vulkan
geht ihn nur was an.

Ein Doktor hat hineingeschaut,
und warf in ihn nur Johanneskraut.

Da es kein Ätna und nicht der Vesuv,
bringt es den Doktor nicht in Verruf.

Man glaubt, dass Hussein im Irak bakteriologische Waffen herstellt und dadurch eine Gefahr für die ganze Menschheit werden könnte, und plant deshalb einen Präventivschlag. Die Vereinigten Staaten und England wären schon jetzt dazu bereit. Ein Präventivschlag gegen den Irak.


Alle Menschen leben gern

Mit Engelszungen
sangen die Alten
schon früher den Jungen.

Damit diese lernen,
eine Frucht zu entkernen,
damit sie, falls übel,
sich nicht mehr vermehrt,
ab in den Kübel,
wohin sie gehört.

„Das ist des Pudels Kern"
zitierte einmal Goethe,
drum liegt es nicht mehr fern,
dass man den Pudel töte.
Sein Kern ist schlecht,
man kennt den Grund,
sterben muss der tolle Hund.

Er ist ein Diktator,
ein Imperator,
schon viele starben,
das Volk muss darben.

Das muss man doch rächen,
verderben,
wenn dabei auch Tausende
unschuldig sterben.

Auge um Auge,
Zahn um Zahn,
denkt der Mensch
in seinem Wahn.

Was will der Diktator,
der Imperator,
die Welt überfallen?
Rufe erschallen:
Sein Kern ist schlecht,
man kennt den Grund,
sterben muss der tolle Hund.

Für einen Verdacht,
zieht man in Betracht
den Erstschlag zu tun,
so beugt man vor
und findet dafür
manch offenes Ohr.

Man opfert Tausende auf Verdacht.
Wenn Vorsorge schon Opfer schafft,
werd ich um meinen Schlaf gebracht.

Für mich ist immer des Pudels Kern:
Alle Menschen leben gern!

## Mein Universum

Noch keine Zeile erdacht,
nichts geschrieben,
nichts gemacht.
Nichts gesponnen,
nichts ersonnen,
nichts vollbracht.
Keine Töne,
keine Laute,
Stillstand,
Ebbe,
Leere
Flaute.

Mein Universum ist ein Raum,
der Himmel ist die Decke,
60 Watt erhellt sie kaum,
lieg ich auf meinem Bette.

Dann denke ich
heut geht nichts mehr
heute spielt sich nichts mehr ab,
morgen will ich weiter sehen,
ob ich wieder Chancen hab.

Alles kommt mir scheußlich vor,
habe rein zu nichts mehr Lust,
sing mit dem Gefangenenchor,
aus Nabuco, nein,
ich kann nicht, habe Frust.

Nein, nicht singen,
sondern sinken
schein ich immer tiefer,

nicht nur die Arme hängen schlaff
auch Ohren, Kopf und Kiefer.

Noch ist Polen nicht verloren,
Holland nicht in Not
Wände haben keine Ohren,
kein Zacken bricht aus einer Krone,
wenn wer sich auf die „Schüppe" nimmt.

## Kein Publikum

Nur Gefühle beherrschen mich,
sie sind zum Teil mir noch sehr fremd
ich verlasse kaum mein Zimmer
weil irgendetwas mich dran hemmt.

Zu viel dringt in meine Lebenskreise,
feindlich, herzlos, und verlogen,
letzteres besonders heftig,
da sich schier die Balken bogen.

Ich wehre mich nicht, es gibt kein Licht,
am Horizont auch nicht vor Gericht.

Es hat kein Mensch daran Interesse
wenn ich mal mein Schweigen breche,
und wende ich mich an die Presse,
wird diese wiederum
Interesse nicht bekunden.

Mich kennt man nicht, nur Dieter Bohlen,
Olli Kahn und die Gsell bringen Quoten,
Leser, Kunden.

Prominent müsst ich schon werden,
die Presse würd sich um mich reißen
wenn ich dann mein Schicksal schildre
würd mit Geld man nach mir schmeißen.

Da dies nur ein Wunschkonzert,
ein stilles Kammerspiel
habe ich kein Publikum,
das mich hören will.

## Vorletzter Tag

Nur noch Konturen ertasten die Sinne
die scheidende Sonne verliert ihren Glanz,
bald sind es nur Schemen ohne Stimme,
lautlos schwindet ein Leben ganz.

Feuer verlöschen, die in der Seele brannten,
sie schienen unendlich und loderten hell,
weil seine Sinne Gefühle bannten,
erscheint ihm Licht jetzt viel zu grell.

Sanft senkt sich Frieden über die Erde,
die Blicke verlieren sich in der Ferne,
sie ahnen schon die Unendlichkeit.
Erinnerungen sind wie Sterne,
die, wenn es Nacht wird,
sanft erstrahlen.

Er nimmt sie gern noch einmal wahr,
und während er bald Abschied nimmt,
die Mutter Erde neu gebar.

## Ein erlesener Mensch

Nur Seinesgleichen
erkennen Zeichen,
ob er zitiert
und kluge Gedanken
sein Eigen nennt,
die wohlgesetzt
seinem Munde entfliehen,
um andere Menschen
in seinen Bann zu ziehen.

Wie ein Adler sein Gefieder
über seine Jungen streckt,
haben Dichter und Gelehrte
uns mit Weisheit zugedeckt.

Und wir nutzen diese Decke,
stets zum Zwecke,
sie zu verwerten,
daran weiter zu weben,
für unseres
und nachheriges Leben.

## Ein Gewitter reinigt die Luft
Pfingstsonntag 2003

Oh, dieser Duft!
So sauber und frisch.
Auch die Farben
der Blumen und Bäume,
strahlen wieder hell und rein,
das ist Natur.

In Feld und Flur kehrte Ruhe ein
und lange noch schimmern
wie Smaragde,
die Regentropfen im Sonnenschein.

Nicht nur in der Natur gibt es Gewitter,
auch in Familien,
zwischen jung und alt,
unter Geschwistern,
oder Kollegen,
kann es gewittern,
steht man im Regen,
hat es geblitzt schon
gedonnert, geknallt.

Entlädt dann ein Gewitter
mit Donner und Blitz
reinigend wieder die dicke Luft,
ist zwischen Brüdern, Kollegen und Schwestern
alles was war,
nur der Schnee noch von gestern,
es wäre zu schön,
wäre es wahr!

## Dummheit hoch drei

Oben im Kopf,
unter dem Schopf,
macht sie sich breit,
sofern er oder sie,
nicht besonders gescheit.

Sie tut nicht weh
und hat kein Gewicht,
auch nicht erkennbar
in jedem Gesicht.

Dummheit ist erblich,
darum unsterblich.
Dummheit als solche
besitzen kaum Strolche,
auch kein Gewissen.

Dafür dreist und gerissen
werden die Schlauen,
auf die Dummheit der Anderen
ihre Häuser bauen.

## Kinderwelt, ein Zimmer

Regale an den Wänden
werden fast immer,
beim Spielen geleert
von Kinderhänden.

Wenn alles rumliegt,
man keinen Fuß mehr
auf den Grund kriegt,
sind die Regale geleert,
hat man das Gefühl,
dass sich alles vermehrt.

Mir fallen dann scheinbar
von den Augen wie Schuppen,
die Gruppen von Puppen.
sehe ich Teddys und Hunde,
sie gehen nicht zugrunde,
wenn man drauf steht.

Auf dem Bett,
den Tischen,
den Stühlen,
kann man basteln,
malen, wühlen.
Teller und Tassen,
Bilderbücher,
die Augen erfassen immer wieder
neue Sachen,
die sollen den Spielenden
Freude machen.

Ein Gatter, ein Stall,
einen Bauernhof,

dies nicht zu besitzen,
wäre doch doof,
daraus schöpfen Kinder
doch ihr Wissen.

Man hockt auf dem Boden,
man braucht keine Kissen,
und sucht man die
Antje, die Lilli,
den Köter,
hebt eine, oder einer
nur seinen Pöter,
sie haben so manches unter sich,
man wundert sich.

Und ist auch uns Großen
der Blick verstellt,
für Muße und Suche,
denn Zeit ist Geld,
dann haltet den Mund,
Euer Kind ist gesund.

Denn mir wird nur bang,
liegt nichts mehr herum,
steht alles geordnet
in den Regalen,
oder verschlossen in einem Schrank.

Ein scheinbares Chaos
in einem Kinderzimmer
erfreut mich immer.

## Ohne Emotionen

Ohne Emotionen wollte ich leben,
sachlich und nüchtern alles betrachten,
mich keinen Gefühlen oder dem Ärger ergeben,
wenn rechts und links manche Schüsse krachten,
von Schützen die im Unrecht sind,
von krimineller Energie getrieben,
wollten sie treffen, mich durchsieben.

Es wurde ad hoc aus der Hüfte geschossen,
von Lügnern, Gaunern, Intriganten,
als hätten sie einen Bund geschlossen,
weil sie meine Schwächen kannten.

Ich habe mich ihnen angeschlossen
und handle wie ein Doppelagent,
denn ich nutze nicht
wie andere die Schwächen,
ich bekämpfe sie
und werde mich rächen,
denn die Anderen
haben auch Gebrechen.

Und da ich im Recht bin werde ich siegen,
dann geht es den Schlechten auch einmal schlecht,
ich kämpfe auf Brechen und Biegen.

## Was war das Thema?

Soll ich, oder will ich vergessen?
Man muss es nicht sehen
nicht riechen, nicht messen,
nicht hören, verstehen,
nicht ahnen nicht wollen,
nicht achten,
das heißt,
ihm Beachtung zollen.

Es ist so egal,
nicht Kopf und nicht Zahl,
nicht stumpf oder spitz,
auch kein Schleudersitz.

Weder Lust noch Qual,
um was es ging,
vergesse ich mal.
Es ging nicht ums Trinken
auch nicht ums Essen,
das wär zu profan,
ich will nur vergessen,
etwas vermeiden
oder verdrängen,
nicht wieder folgen
inneren Zwängen.

Vergessen und warten,
um wieder zu starten
in neue Gefilde,
und wieder lächeln auf einem Bilde.

## Fliegen ist schön

Tief gefroren ist die Erde.
Die Schritte knirschen hart im Schnee,
geh ich zu der Futterstelle
in den Garten und ich seh
auf den Ästen bis zum Gipfel,
wartet schon die Vogelschar
und ich streue wieder Körner
wie in manch vergangenem Jahr.

Könnte ich doch selber fliegen
und mich in die Lüfte schwingen,
der Erde Schwerkraft überwinden,
den Zenit erreichen
und durchdringen,
wäre ich den Vögeln gleich,
unter mir die alte Erde,
über mir das Himmelreich.

Doch leider holt so mancher Lümmel,
in einem grünen Jägerrock,
mit Schrot die Vögel aus dem Himmel,
schießt dann mit mir den falschen Bock.

## Zum Glück

Über die Menschheit zu schreiben,
deren Missstände schildern,
ich kenne zu viele aus Schriften und Bildern,
befasse ich mich schon eine ganze Weile,
und schrieb über sie schon manche Zeile,
und hielt sie zurück,
und das zum Glück.

Um öfter objektiv zu bleiben,
stell ich mir vor,
schon andere schreiben,
über die Menschen so im Allgemeinen.

Dann bin ich ein Mensch unter den Milliarden,
die von Schreibern verdammt,
weil zu viele starben
durch Menschenhand.

Aus diesem Grunde
 habe ich erkannt,
man darf über den Kamm
nicht alle scheren,
und würde wie sie
mich dagegen wehren.
Ich sage nicht flüsternd
hinter der Hand:
Zu viele Menschen sind hirnverbrannt,
und halt mich zum Glück
wieder zurück.

## Mein Konterfei

Spiegel, mein Spiegel,
am Kleiderschrank!
Du bist allein mein Gegenüber,
wenn ich so hinschau,
so justemang,
bist Du mir manchmal zuwider!

Was fällt Dir ein,
mein Konterfei
mir so entgegen zu werfen!
Vor vierzig Jahren, denke ich zurück
reizte mein Anblick
nicht meine Nerven.

Morgens bist Du besonders schlecht,
aber Du tust nur deine Pflicht.
Leider hast Du immer recht,
zeigst Du mir mein Gesicht.

## Die Liebe

Die Liebe ist ein seltsames Spiel
und hat unendlich viele Facetten,
davon erlebt man nie zu viel,
nicht auf Festen, nicht in Betten.

Damit habe ich sehr übertrieben,
denn oft ist alles nur ein schönes Spiel,
heute gewinnen, morgen verlieren
wie es Amor gerade will.

Auf der Weide stehen die Ochsen,
ich schaue gerade zu ihnen hin.
Menschen sind es auch oft,
da darf ich nicht motzen,
weil ich manchmal ein Esel bin.

## Die Quelle, der Born

Verlässt das Wasser seinen Ursprung,
die Quelle und plätschert hurtig
von Stein zu Stein,
spiegeln sich oben
vom Himmel die Wolken,
als liebliche Bilder
in die Quelle hinein,
dann möchte ich träumen,
dass sich Wünsche erfüllen,
das Wunder geschehen,
sich Sehnsüchte stillen.

Das Leben, das Wesen,
eine Quelle, ein Fluss,
ähnelt sich deutlich,
ist stetig im Fluss.

Ich lebe, ich fühle,
ich denke und spüre
Freuden und Leiden,
nehme wahr und muss scheiden.

Das Leben ist fließend,
man lässt sich treiben,
man kann an der Quelle,
dem Ursprung nicht bleiben.

## Stille

Was ist Stille? Wer weiß das noch?
Pfeifst Du schon aus dem letzten Loch,
auch wenn es nicht Dein Wille,
es gibt keine Stille.
Selbst Regentropfen
ans Fenster klopfen.

Manchmal stört die Stille
nur eine Grille.

Musik wird störend oft empfunden,
weil sie mit Geräusch verbunden.
Wilhelm Busch hat das geschrieben,
das näher zu beschreiben,
ließ er bleiben.

Hat man Dir mal den Marsch geblasen,
dass Dir Hören und Sehen verging,
vom Wandern an den Füßen Blasen,
und Schmerzen im Schritt,
man singt trotzdem mit.

Mit diesen Geräuschen
kann man andere täuschen
und den Wolf verschweigen.
Vielleicht hörst Du im Himmel
die Engel schon geigen.

Und dann gibt's zum Schluss
noch den Tinnitus.
Dann ist mit der Stille
endgültig Schluss.

## Ein leeres Blatt

Was könnte heut das Thema sein?
In mir will nichts sich regen.
Ich denke hin, ich denke her,
wo bleibt ein Geistesblitz?
In meinem Kopf ist alles leer,
ich mache keinen Witz.

Humor ist leider Mangelware,
man hat nicht viel zu lachen,
ich rauf verzweifelt mir die Haare.
Da ist halt nichts zu machen!

Darum ist mir lieber
ich mach eine Pause,
und ein andermal wieder
wird Tinte zu Brause,
und schäumt mit mir über.

## Schaffenskraft

Wem die Schaffenskraft erschlafft,
der Antrieb fehlt,
und allem aus dem Wege geht,
schnell müde wird beim Lesen,
das Schreiben völlig bleibt,
mundfaul ist beim Reden,
keinen Sport mehr treibt,
keine Hantel stemmt,
jede Arbeit scheut,
vor allem heut,
und das ist jetzt,
und nichts mehr plant,
nie Ziele hat,
die Ruhe schätzt,
wird so wie ich.

Wie fürchterlich!

## Der Tag

Wenn es dämmert und die Schatten kommen,
schau ich durch das Fenster zu Dir hinaus,
weil Deine Sonnenstrahlen mir nicht bekommen,
rede ich mit Dir von innen heraus.

Ich kannte einen Menschen, der liebte den Tag,
er hatte Sonne im Herzen weil jeder ihn mag.

Der Dich ertragen würde,
den Tag und das Leben liebte
ging ins Schattenreich,
man trägt die Bürde
die so schmerzensreich.

Lieber Tag,
Du hast Sonne und Licht,
Du scheinst auf das Leben,
Du kannst mir noch nicht
wieder Hoffnung geben.

Denn wenn Du heut gehst,
gehst Du auch für immer,
es folgt eine Nacht
und darauf folgt immer
ein neuer Tag,
den ich dann ergeben,
wenn das Schicksal es will,
werde auch noch erleben.
Nun werde ich still.

## Deine Stimme

Wenn ich Deine Stimme höre,
sie hat Charme und Melodie,
liebe ich mein Telefon,
denn durch dieses hört ich sie.

Wenn ich an Italien denke,
die Toscana, Gardasee,
lieb ich alles, wo wir waren,
weil ich dort Dich stehen seh.

Wenn ich den Chianti trinke,
lieb ich diesen immer mehr,
denn wir haben ihn genossen,
er ist da, doch Du nicht mehr.

Wenn ich an die Menschen denke,
mit denen ich auf Reisen war,
liebe ich sie gleichermaßen,
denn Du warst ja immer da.

Wenn ich heute Tränen sehe,
denke ich an Dich,
denn Du weintest,
hattest Kummer,
und das schmerzte mich.

Wenn ich mir was wünschen dürfte,
von einer Fee die gut es meint,
würde ich sie herzlich bitten,
dass immer Dir die Sonne scheint.

## Wer bist Du?

Wenn ich spüre, Nähe suche, sie berühre,
einer Stimme lausche,
am Tone, Worten, Gedanken mich berausche,
mit ihr auf einer Welle liege,
wohlig im Takt mich darin wiege
und geh auf sie zu,
stellt sich nie die Frage:
Wer bist Du?

Wer bist Du?
Manchem würde ich die Frage stellen,
wenn seine, ihre Aura, nicht sichtbar, spürbar ist,
aber die Erscheinung in mir Instinkte weckt,
als würde ein Finger schon hochgereckt
der mich zur Vorsicht mahnt,
Unheil ahnt.

## Die besten Gedanken stehen zwischen den Zeilen

Wer nur an der Oberfläche treibt,
sich die Zeit nicht nimmt, um zu verweilen,
wird Wesentlichstes verborgen bleiben,
wird nie erleben in eine Seele zu schauen
kann sich an Gedankengut nicht erbauen,
sein Leben nicht in Bahnen lenken,
die von neuem Geist beflügelt
seinem Denken Flügel gibt.

Der Mensch lebt nicht von Brot allein,
es gibt so viel mehr im Leben zu sein.
Man muss suchen um zu finden,
es soll Menschen nicht trennen, sondern verbinden.

Beim Lesen und Hören musst Du verweilen,
es steht immer sehr viel zwischen den Zeilen.

## Despoten

Wenn Menschen wie Napoleon
ein Land beherrschen,
fühlen sie sich mächtig,
doch leider wächst nicht der Verstand,
nur der Bauch erscheint sehr trächtig.

Denn nur aus dem Bauch heraus,
wurde oft entschieden,
die Nachbarländer zu überfallen,
Berechnungen darüber
wurden gemieden.

Sie wussten wohl nicht,
man muss Köpfe zählen,
beim eigenen Volk
und die der Gegner,
Zeiträume schätzen,
und wie viele Waffen
hat denn ein Jeder.

Ein erobertes Land besetzt zu halten,
es zu befrieden und verwalten,
gegen den Widerstand der Welt,
kostet Menschen und viel Geld.

In den Waffenschmieden
braucht man Menschen
und viel Material,
eine florierende Industrie
für ein wachsendes Kriegspotential.

Hitler und Napoleon
waren wohl schlecht in Mathe,

deshalb merkten beide nicht,
was es auf sich hatte,
wenn man nur schlecht rechnen kann,
multiplizieren, subtrahieren,
entscheidet man sich oft für Krieg,
wer sich verrechnet
muss verlieren.

**D**eshalb Kinder
lernt gut rechnen,
bringt in Mathe gute Noten,
dann seid ihr die
Friedensengel,
die Lehrer eure
Friedensboten.

## Neonazi

Wir sind nicht nur ein Volk,
das Geschichte geschrieben,
durch Kriege verlieren
oder durch Siegen.

Es gibt auch eine geistige Welt,
die bleibt den Denkern vorbehalten,
die in ihren großen Werken,
sich beweisen und entfalten.

Mondieu! Die Rechten marschieren wieder,
kräftige Kerle, meistens mit Glatze.
Stiefel hallen auf dem Pflaster wider,
ich sehe schon wieder diese Fratze.

Diese Vollidioten, diese hirnlosen Narren,
wenn ihre Stiefel aufs Pflaster knallen,
dann packt mich die Wut, ich möchte schreien:
Schickt dieses Pack in irgendein Land,
wo Lager einst standen in deutscher Hand.

Wer sagt mir, aus welcher Gesellschaftsschicht,
kommt dieses Pack gekrochen?
Den letzten Krieg erlebten sie nicht,
haben verbranntes Fleisch nie gerochen.

Unwissenden kann geholfen werden,
gegen die Dummheit kämpften schon Götter.
Eine Fundgrube für den Spötter.

Die Neos von heute,
diese hirnlose Meute,
sind wieder ein Feuer,
wie ungeheuer!

Schiller hat in einem Werke
das Feuer beschrieben und dessen Stärke:
„Wehe, wenn sie losgelassen,
wachsend ohne Widerstand,
durch die volkbelebten Gassen,
wälzt den ungeheuren Brand".

In Deutschland brannten einstmals Feuer,
von Nazis mit Bedacht entfacht,
Bücher verbrannten die Ungeheuer,
für Deutschlands Elite wurde es Nacht.

Wenn wir nicht den Anfängen wehren,
den Unrat nicht von den Straßen kehren,
dann senkt das Haupt, tief in den Staub,
hört wieder die Zoten über die Toten.

Dann werden Euch die Stiefel treffen,
man wird auch Euch die Knochen brechen.
Dann entsteht wieder eine Herrenrasse,
aus geistiger Scheiße, Deutschland erwache!

## Robinsoniade

Zwei Menschen kennen sich und glauben,
man hat sich völlig offenbart,
und hat im Laufe vieler Jahre,
in Gesprächen nicht gespart,
sich völlig zu erschließen,
die Gefühle sprießen, wie so ihre Art,
wundersam genießen
beide ihren Part.

Nichts kann uns entzweien,
wenn Fehler wir verzeihen,
die jeder von uns hat.
Man kennt sich zur Genüge,
und kann Gedanken lesen,
kein Vorwurf, keine Rüge,
stört nun ihr Seelenleben.

Sie mussten sich beweisen,
denn nicht von ungefähr,
trafen sich zwei Menschen
in dem Menschenmeer.

Dort tobten manche Stürme,
die das Leben bot,
und wie im Sturm auf See
kam die Seelennot.

Nun ist der Sturm vorüber
man sitzt in einem Boot,
man weiß auch, wahre Freunde,
gehn Hundert auf ein Lot.

## Trauer

Es war an einem Sommertag,
den ich nie vergessen werde
in Breslau, Schlesien
meiner Heimatstadt,
unser Vater
ruhte schon einige Wochen,
am Ilmensee
in russischer Erde.

Meine Mutter, mein Bruder,
die kleine Schwester und ich,
spazierten auf einem Gottesacker,
er glich einem riesigen Blumenfeld,
ganz in der Nähe stand ein Lazarett,
es strahlte hell in der Sonne
in unsere scheinbar friedliche Welt.

Die Luft war so still
und die Blumenpracht
und das Summen der Bienen
über den vielen Gräbern
hatte uns besinnliche Stunden verschafft.

Wir waren sehr still
und flüsterten nur
und ich spürte tief im Innern:
Wir sind nur hier,
weil der Tod so nah,
an den Vater zu denken,
an ihn uns erinnern.

Nur ein Birkenkreuz
auf seinem Grab,

mit Stahlhelm
und Namensschild
für ein Foto dekoriert,
bekamen wir von seinen Kameraden,
die mittlerweile auch gefallen sind,
noch bevor wir das Bild
erhalten haben.

Ich erinnere mich
an den Soldatenfriedhof
und an das Lazarett,
dort starben Soldaten
von vielen Fronten,
denen die Ärzte
nicht mehr helfen konnten
und die ihren Verwundungen erlegen waren.

Wir gingen nun auf den sandigen Wegen
zu der Friedhofskapelle,
dort stand ein Sarg,
um ein paar Blumen darauf zu legen,
weil keiner vor uns
es für meinen Vater tat.

Wir schauten erschreckt,
denn ein Rinnsal Blut,
war aus dem Sarg geflossen
und im Gedenken an unseren Vater,
sind wieder die Tränen geflossen.
Es kamen Männer
und hoben den Sarg auf einen Wagen
und es ertönte
würdig und getragen
die Melodie:
„Ich hatt' einen Kameraden".

Kein Vater, keine Mutter,
keine Frau, kein Kind,
waren jetzt zugegen,
als wäre er selbst ein Waisenkind
in seinem Leben gewesen.

Da gaben wir ihm das letzte Geleit
und folgten dem kleinen Zug,
der für uns symbolhaft
für unsägliche viele,
einen jungen Menschen
zu Grabe trug.

Mein ganzes Leben
schon frage ich mich:
Wird nicht zu viel sinnlos gestorben,
jeden Tag erfahre ich
von Horden die morden.

Man plant Kriege,
oder führt sie noch,
mit Schaufeln und Baggern
schafft man ein Loch,
eine Grube, einen Graben
und legt dort von Menschen
die sinnlos starben
deren Hüllen ab.

## Zwei Seelen

Zwei Seelen sind in meiner Brust,
das ist des Pudels Kern,
schließlich beherrschen beide
mich zeitweilig gern.

Es trieb und es treiben
oft trübe Gedanken
um Gott und die Welt
mir durch den Sinn.

Ich schrieb sie auf und
es fielen Schranken,
die sind leider manchmal
recht schlimme Gespenster,
von mir inszeniert und für die,
die es lesen ein offenes Fenster.

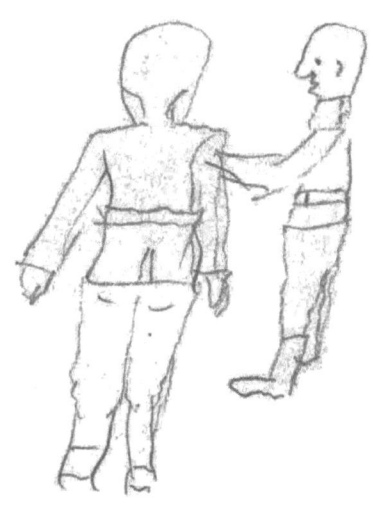

## Erinnerungen

Die Trauer weckt Erinnerungen,
an Begebenheiten
aus vergangenen Zeiten.

In die Trauer
schwingt das Unabänderlich
in den Gedanken immer mit.
Hoffnung und Glauben wären Trost,
die Endgültigkeit des Lebens
drängt sie zurück.

Es erscheinen Bilder
aus vergangenen Tagen,
die sich fest im Innern
verankert haben.

In anderer Weise,
erscheinen mir Bilder.
Meine Sinne erfassen
sie nur schemenhaft,
ich möchte sie spüren,
wieder sprechen lassen,
doch sie sind nicht mehr da,
sind nicht mehr hier.

## Schlüsselerlebnisse

Es hat in meinem bisherigen Leben,
einige sehr bedeutsame,
lebensentscheidende
Erlebnisse gegeben.

Sie hat das Schicksal,
der Zufall
mir in den Weg gelegt.
Sie haben entscheidend
mein Leben verändert
mich entsprechend geprägt.

Ziellos bin ich durch das Leben gerannt,
habe viel zu spät erst
die Gründe erkannt,
die meinem ruhelosen Leben,
nur Stationen,
nie Heimstatt gegeben.

Gedanken, Gefühle,
türmten sich auf,
begannen mich zu vernichten,
ich fand eine Lösung
mich zu besinnen
und begann mit Schreiben
und Gedichten.

Es schaffte Ordnung in meinem Denken,
es lenkte mich ab
und baute mich auf,
kann meine Augen rückwärts lenken
überschaue noch einmal
meinen Lebenslauf.

Nun begreife ich Zusammenhänge,
was ich als Kind schon erlebte,
und ein Trauma ist
und oft nicht wusste,
warum die Seele erbebte,
was man gewesen und heute ist.

Doch das Schicksal war grausam,
es hat meinem Leben,
eine schon geahnte Richtung gegeben.

## Ein Tag beginnt des Nachts, und endet wenn es dunkel

**W**enn dumme Gedanken geschrieben werden,
und bleiben länger als Du auf Erden,
dann hast Du Dir damit ein Denkmal gesetzt,
dann ist man schockiert, oder entsetzt,
dann hast Du Dich und die Erben blamiert,
dann erscheinst Du den Anderen im falschen Licht,
dann bist und bleibst Du ein armer Wicht,
dann hast Du Tinte und Papier verbraucht,
ich ende jetzt, weil das dann mich schlaucht
und schreibe erst wieder an anderen Tagen.

**K**einer soll fragen, warum es heute nicht geht,
weil dazu sehr viel mir im Wege steht.
und schreibe nur knapp:
Ich lenkte mich ab.


(22.07.2004, Mein trauriger Geburtstag.)

Am 17.10.2004 schrieb ich in mein Buch eine Geschichte. Seitdem ist schon viel Zeit vergangen, ich weiß nicht mehr, wer mir diese erzählte. Aber ich möchte sie im nachstehenden Gedicht noch einmal festhalten und damit schließen.

Ich hatte einen Traum,
und ging auf meinem Lebensweg,
daran erinnere ich mich gerne,
denn Jesus schritt an meiner Seite,
spürte Geborgenheit und Glück,
schaute vorwärts in die Ferne
und hinter uns den Weg zurück.

Sah zwei Spuren hinter mir,
„Sie gehören Dir und mir"
sprach ich zu dem Herrn.
Und ich fragte weiter:
„Du bist hier neben mir,
warst Du immer mein Begleiter?".

„Denn mir ging es einmal schlecht,
und auf meinem Lebensweg,
ist aus dieser Zeit
nur noch eine Spur zu sehen,
wo warst Du, mein Herr?
Warst Du mir dort fern?".

Der Herr gab Antwort auf meine Fragen:
„Meine Spuren kannst Du sehen,
Seine Spuren siehst Du nicht.
Ich habe Dich getragen".

## Rückkehr nach Pluskau

Zwanzig Jahre nach Kriegsende hat Werner einmal wieder Pluskau in Schlesien aufgesucht. Heute liegt der Ort in Polen und hat einen anderen Namen. Darüber schrieb er einmal:

Das ist also Pluskau. Der Klang dieses Wortes hat eine ganz besondere Bedeutung für mich. Hier liegt ein Meilenstein meines Lebens. Aber Pluskau kennt mich nicht mehr. Es erkennt nicht mehr den kleinen Jungen aus Breslau, der mit seiner Schulklasse einmal in diesen Ort kam. Nun ist er nämlich ein Mann mit grauem Haar, er kommt mit einem Berg von Gefühlen und ist erlebtem Leben ganz nah. Aber es ist anders hier. Das Dorf ist tot und stumm. Es liegt eine dumpfe Trauer über allem. Seit fünfzig Jahren ist die Zeit stehen geblieben. Es ist kein Mensch zu sehen und taucht doch mal einer auf, dann ist es ein Fremder, ich spüre die Fremdheit an ihm und empfinde für ihn, dass er ein Fremder ist und dem Dorf nicht gehört. Wer kann solche Empfindungen verstehen?

Pluskau hat seine Seele verloren, die Häuser, die Mauern klagen stumm, die Fenster sind leer, man spürt kein Leben dahinter. Kein Gänsegeschnatter mehr auf der Dorfstraße, in Gedanken sehe ich noch, wie die Gänsescharen mit ihren Gantern schnatternd zum Dorfteich zogen und gegen Abend zu ihren Höfen zurück kehrten. Die Gänse bemerkten mich immer, wenn ich auf die Dorfstraße trat und mit etwas Angst nach den Gänsen schaute. Denn die Ganter spürten immer die Überlegenheit mir gegenüber und kamen mit gesenktem Kopf und zischend auf mich zu. Deshalb musste ich öfter Umwege gehen, so war das eben im Sommer 1944. Wer kann mit mir empfinden, dass Mauern eine

Seele haben? Für mich ist jede Mauer hier eine Klage-
mauer. Die Mauern leben in Trauer. Sie geben kein
Echo mehr vom Lachen, Rufen und Stimmen schlesi-
scher Mundart. Ich empfinde tiefes Mitleid mit dem
Dorf, dass nur noch die Verstorbenen aus vergangenen
Zeiten in seinen Grenzen birgt und gehe zum Friedhof.
Das Schicksal war für sie gnädig und die Heimaterde
birgt sie, man hat sie in Frieden gelassen. Auch hier ist
alles sehr symbolhaft. Man hat keine Möglichkeit mehr
auf den Anger zu gelangen. Die Natur hat im Laufe von
fünfzig Jahren Unberührtheit alles zuwuchern lassen,
und nur wenn man sich hinhockt kann man vielleicht
noch einen Grabstein sehen, oder erahnen. Es führt kein
Weg mehr zu den Gräbern. Hinter dem Friedhof schaue
ich noch einmal über das weite Land.

Die allerletzte Treibjagd im Jahr 1944 habe ich als
Breslauer Großstadtjunge in ganz lebhafter Erinnerung.
Ich war doch auch in der langen Menschenkette der
Treiber, ich sah, wie die aufgescheuchten Hasen über
die weiße Schneedecke flitzten. Über siebzig Hasen war
die Ausbeute dieses Tages. Nicht lange danach waren
wir Menschen in dem damals schrecklichen Krieg die
Gejagten. Ich wende mich um und gehe wieder ins Dorf
zurück und denke bei jedem Hof an dem ich vorbei
komme an die Namen der ehemaligen Bauern, den Be-
sitzern, den rechtmäßigen Erben. Da waren die Flöters,
Hahn, Baude mit dem Sohn Willi, er hatte bei einem
Unfall einen Arm verloren und konnte trotzdem, wie ich
mich erinnere, so gut seine Arbeit auf dem Hof machen,
George, Thomas, Wiersna, Wuttich, Wähnert, Ullbrich,
Scholz, Lober, die Gaststätte, die Schule und der Hörner
Max, an den ich mich besonders gut erinnere. Das ist
nur eine kleine Auswahl von Namen, mir waren noch
mehr eingefallen. Rechts, neben dem Hörner Max, dem
Bäcker von dazumal, sehe ich auf einem Dach das Stor-

chennest. Es hat viele Stockwerke, denn viele Vögel haben mit dem Storchenpaar eine Wohngemeinschaft als Untermieter. Hier sehe ich zum ersten Mal eine lebendige Verbindung an dazumal. Es ist fast tröstlich.

## Nachgedanken

In der Vergangenheit seines Lebens zu forschen,
an längst vergangenes sich erinnern,
erlebtes Leben, noch einmal durchleben,
mit dem Wissen von heute sich erinnern,
ich weiß nicht, ob ich es ändern würde,
für mich ist Vergangenheit eine Bürde.

Als Kind durfte ich weinen,
lachen und träumen,
spielen und springen,
Liebe empfangen,
vor allen Dingen.

In dieser für mich noch heilen Welt,
hatten sich schon all zu früh,
ganz neue Gefühle eingestellt,
ihre ersten Auftritte vergesse ich nie.

Erst kam die Trauer,
sie hatte viele Facetten,
man weinte heimlich,
und in der Nacht,
versteckt unter Decken,
hat man den Tränen erst
richtig einmal Luft verschafft.

Man lachte nicht mehr
und schlimme Ahnungen,
waren sehr schmerzhaft
in mich eingedrungen.

Man trug zur Trauer in schwarz eine Binde,
nicht nur die Mütter,

auch mir, einem Kinde,
wurde sie auf den Ärmel genäht.

Der Vater ist tot!!!!
und das hat mich gequält,
denn in meinen Träumen,
hat er weiter gelebt
und bin manche Nacht
auf dem von Tränen
getränkten Kissen
öfter aufgewacht.

Dann kam das Heimweh,
kein Mensch kann es ermessen,
mit Trauer gepaart,
man fühlt sich vergessen.

Kein Mensch ahnt,
oder spürt die Zeichen,
wenn die Seele weint,
die stummen Rufe erreichen
niemals ihr Ziel,
das war für mich
einfach zu viel.

Man zerriss die letzten
Familienbande,
die Kinder wurden von
den Müttern getrennt,
sie kamen zu Fremden
auf dem Lande
um ihr Leben zu retten
und ihr letztes Hemd.

Unser Dank gilt Jutta und Sabrina. Ohne Euch hätte es dieses Buch niemals gegeben!